임용고시
합격전략
1

교육학 개념으로 쉽게 풀이한

임용고시 합격전략

1

| 김기훈 지음 |

임용고시 합격 전문 멘토가 알려 주는

신규 교사가 되고 싶은 당신을 위한 합격 공부법!

좋은땅

서문

　설움은 그 사람을 위대하게 만드는 동력인 것 같다. 학창시절 공부를 너무나도 못했던 설움이 이렇게 두 번째 공부 방법 책을 만들어 내는 원동력이 되었으니 말이다. 난 정말 공부를 너무도 못했다. 공부를 하는 방법을 몰랐으니 남들보다 두 배를 더 노력해도 성적은 비슷하거나 그보다 낮았다.

　어떻게 하면 공부를 잘할 수 있는지 궁금했지만 물어볼 수도, 물어봐도 제대로 속 시원하게 알려 주는 사람이 없었다. 모든 걸 포기하고 차라리 기술을 배우는 게 낫지 않을까 생각하던 찰나 우연찮게 눈에 띈『공부기술』(조승연 저)이라는 책이 내 인생을 180° 바꿔 놓았다.

　그 책의 제목대로 **공부는 기술이다.** 노력은 당연한 것이고 합격, 불합격의 유무를 가르는 것은 임용합격에 최적화된 '전략'을 갖춰 실행하고 있느냐 아니냐의 차이에 따른 것이다. 수도권이든 지방이든 사범대학을 갈 정도면 다들 기본적인 머리는 있는 것이니 IQ는 걱정할 것이 못 된다. 걱정해야 할 것은 내 공부 방법의 효율성 및 효과성이다.

　앞서 말했지만 **합격은 누구나 다 하는 '노력'과 누구는 알고 누구는 또 모르는 '전략'의 실행 유무에 달려 있다.** 선천적으로 공부를 잘하는 친구들은 전략을 누가 알려 주지 않아도 내재되어 있어서 자유자재로 구사하는 반면 나와 같은 사람은 누가 알려 주지 않으면 이런 전략들을 몰라 똑같은 경쟁을 하더라도 불리한 위치에서 시작하게 된다. 나는 그런 친구들에게 적어도 시합은 똑같은 위치에서 시작할 수 있도록 '전략'을 알려 주고 싶다. 그래야 공평하지 않겠는가?

이 책은 수험생들이 공평한 게임에 임할 수 있도록 임용 합격에 필요한 공부 전략들을 수록했으며, 중등교원임용시험을 준비하는 모든 수험생들이 볼 수 있도록 '교육학' 개념을 예제로 활용하여 전략을 안내하고 있다. 예제를 보며 전략 사용 방법을 터득한 후 본인 전공과목에 적용하면 된다.

1편에는 **계획, 기출분석, 개념 이해, 개념 구별, 개념 적용, 개념 연결, 예습·복습, 전공서 공부법**을 담았으며 **2편**에는 **단권화, 핵심 문장·핵심 키워드 찾기, 서브노트, 암기, 인출, 논술 작성, 문제 풀이 전략**을 담았다. 1편은 임용 합격에 필요한 기본 공부 전략을, 2편은 합격에 한 걸음 더 가까워질 수 있는 응용 공부 전략을 다룬 것이다. 1편을 꼭 봐야만 2편을 소화할 수 있는 것은 아니니 목차 순서에 상관없이 본인에게 시급하다고 여겨지는 전략을 먼저 봐도 된다.

꼭 당부하고 싶은 말이 있다. 이 책을 100% 활용하고 싶다면 한 번 읽고 책장에 고이 보관해 놓지 말고 항상 가까운 곳에 두고 필요할 때마다 계속 보라는 것이다. 한 번 읽고 말 거면 차라리 이 책을 안 사고 안 읽는 게 낫다. 괜히 눈만 높아지고 본인이 더 나은 상태가 됐을 거라고 착각하기 쉬우니까.

어떤 기술이든 한 번에 익히는 건 엄청난 천재가 아니고서야 불가능에 가깝다. 수영을 배우더라도 수영장에 가서 코치에게 매번 자세와 동작을 교정 받아야 조금씩 나아지지 유튜브 영상으로 수영 방법을 배웠다고 곧바로 수영을 잘 할 수 없다는 것은 길게 설명하지 않아도 잘 알 것이다.

공부 전략도 마찬가지다. 전략을 배웠어도 배운 것과 익힌 것에는 차이가 있다. 배웠다는 것은 가르침을 받았다는 의미지만, 익혔다는 것은 배운 것을 토대로 부단한 연습과 시행착오로 '자기화'시켰다는 의미를 지닌다. 이 책에서 소개한 전략들을 익히려면 눈으로 한두 번 읽어서는 어림도 없다. <u>읽었으면 **적용도** 해 보고 **시행착오도** 겪어 보고 **자기에 맞게 변형도 시켜 봐야**</u> 전략을 온전히 '내 것'으로 만들 수 있다. 이 점 꼭 명심하여 이 책의 가치를 온전히 누리길 바란다.

한편, 필자는 '합격스킬'이라는 임용 공부 멘토링 카페도 운영하고 있다. 2012년도에 개설해 7년 가까이 운영해 오고 있는데 이 책을 읽고 이해가 되지 않는 부분이 있다면 https://cafe.naver.com/gongbuskill로 들어와 질문을 남기면 필자가 친절하고 세세하게 답변을 달아 줄 것이다. 또한 온라인 질의응답만으로는 부족하여 직접 만나 본인 자료로 현장 멘토링을 받고 싶거나 전화로 세부적인 코칭을 받고 싶다면 https://cafe.naver.com/gongbuskill/5386 글을 참조해 신청하면 된다.

처음 출간한 책『임용합격스킬』을 2012년 집필할 때 아들이 1살이었는데, 두 번째로 이 책을 출간할 때가 되니 아들이 벌써 초등학교 1학년에 입학한다. 만감이 교차하지 않을 수가 없다. 낮이건 밤이건, 주중이건 주말이건 멘토링과 집필에 주력해 남편으로서 제 역할을 충분히 하지 못했음에도 든든하게 지원해 주고 응원해 준 아내와 아들에게 고마움을 우선 표하고 싶다. 또한 합격 후에 잊지 않고 합격 소식을 전해 주며 멘토링을 지속할 수 있게 힘을 실어 준 선생님들에게도 고맙다는 말을 전하고 싶다. 더불어 이 책에 합격생들의 기운을 불어넣을 수 있도록 본인의 자료를 제공해 주시고 추천사를 써 주신 선생님들에게도 감사함을 전한다.

합격은 운이 아니다. 노력과 전략과 열정의 집합일 뿐이다. 지역 선택에 있어 운이 개입될 순 있지만 합격할 사람은 그 지역운도 다 뚫을 만큼 성실하게 전략적으로 공부하여 당당히 합격한다. 자신의 능력에 대해 의심하지 말자. 능력은 이미 대학을 갈 정도의 머리면 충분히 입증된 것이니 전략 실행의 유무와 노력이 뒷받침되고 있는지를 확인하면 된다. 참고로 필자의 수능 성적은 언어 5등급, 수리 5등급, 영어 3등급이었다. 굳이 성적을 오픈한 이유는 나와 같은 출발 상태에서도 얼마든지 임용고시에 합격할 수 있다는 자신감을 심어 주고 싶어서다. 포기하지 않고 우직하게 나가길 바라며 부디 건승하기를 바란다. 할 수 있다. 포기하지 말자. 파이팅.

저자 김기훈

합격 승전보

〈2019학년도 중등특수〉

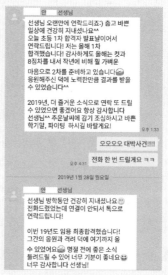

〈2019학년도 초등특수〉

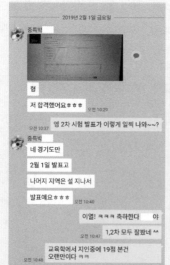

〈2019학년도 중등특수〉

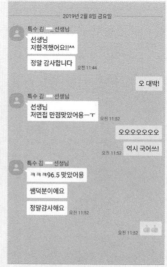

〈2019학년도 중등특수〉

형 □입니다!! 전공, 법, 15총론,15교과교육과정 보내드려요 (조금늦었습니다ㅠㅠ 죄송해요)   2019-03-01 (5

보낸사람   □□□□□□ 1@naver .com)
받는사람   nice8809178@naver.com)

  일반 첨부파일 2개 (223KB) 모두 저장
    1. 15개정 교과, 15개정총론_180911 16.7KB
    강특법 .hwp 56KB

  대용량 첨부파일 개 (7MB)
    15년도 단권화 .zip 7.7MB
  다운로드 기간 2019/03/01 ~ 2019/04/01

법은 약간의 수정이 필요하구요ㅠㅠ(혹시 수정 원하시면 제가 수정해서 보내드릴게요!!) 잡다한거 빼서 보기가 편해요!
총론은 원문을 보기편하게 그냥 편집했어요.
교과도 마찬가지로 중요한 교과만 했어요!
단권화 저건 조금 오래되긴 했어요!!

형 항상 감사해요. 전 형이 아니였으면 시 시험 통과 못했을거에요. 정말이지 형은 존경스럽고 배울점이 많은 것 같아요!!
감사합니다 기훈이형. 항상 건강하시고 하시는 일 모두 잘되시길 기원해요 형! 새해복 많이 받으세요 ^^ 자주자주 연락드리겠습니다. 전주 한번 놀러갈게요~!!

〈2019학년도 중등특수〉

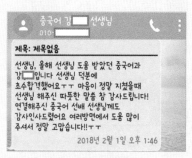

〈2018학년도 중국어〉

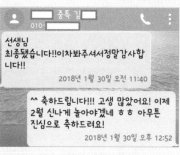

〈2018학년도 중등특수〉

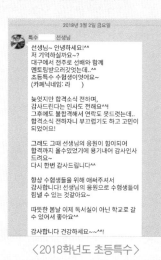

〈2018학년도 초등특수〉

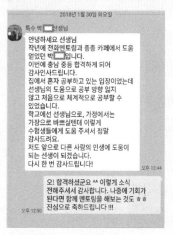

〈2018학년도 중등특수〉

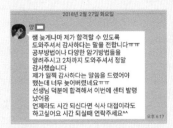

〈2018학년도 초등특수〉

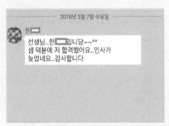

〈2018학년도 중등특수〉

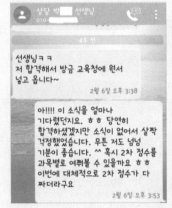

〈2017학년도 상담〉

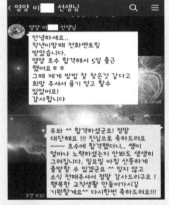

〈2017학년도 영양〉

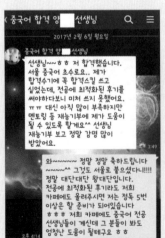

〈2017학년도 중국어〉

〈2017학년도 영양〉

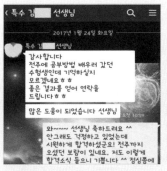
〈2017학년도 초등특수〉

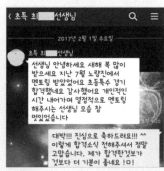
〈2017학년도 초등특수〉

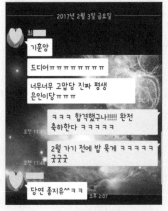
〈2017학년도 중등특수〉

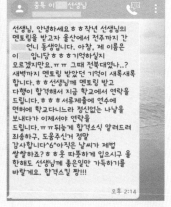
〈2017학년도 중등특수〉

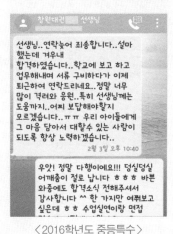
〈2016학년도 중등특수〉

〈2016학년도 중등특수〉

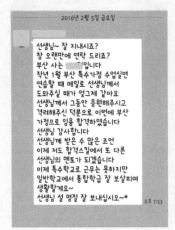

2016년 2월 5일 금요일

선생님~ 잘 지내시죠?
참 오랜만에 연락 드리죠?
부산 사는 ___입니다
작년 1월 부산 특수가정 수업실연
연습할 때 메일로 선생님께서
도와주실 때가 엊그제 같아요
선생님께서 그동안 응원해주시고
격려해주신 덕분으로 이번에 부산
가정으로 임용 합격하였습니다
선생님 감사합니다
선생님께 받은 수 많은 조언
이제 저도 합격스킬로 또 다른
선생님의 멘토가 되겠습니다
이제 특수학교로 근무는 못하지만
일반학교에서 통합학급 잘 보살피며
생활할게요~
선생님 설 명절 잘 보내십시오~*
오후 7:53

〈2016학년도 가정〉

2016년 1월 28일 목요일

16초특합격 쌤

선생님~ 안녕하세요~ 작년 연말에
선생님께 노량진에서 오후
마지막타임에 수업실연 지도받았던
___입니다~
선생님~ 저 정말 감사하게도 경기
최종합격했어요!
수업실연 너무 막막했는데 그때
선생님께서 수업지도 해주셔서 넘
감사했어요! 기간제 경험도 없어서
활동짜는거랑 학생들에게 피드백
제공하는거 막막했는데 선생님께서
그때 같이 아이디어 고민해주시고
교사가 더 업되야한다고 해주셔서
실제 수업실연때 업업돼서 수업하고
그때 주신 아이디어도 쓰고~
감사합니다 선생님~!
새해 복 많이 받으시고 올한해 좋은
일만 가득하시길 기도할게요!!
오전 9:23

〈2016학년도 초등특수〉

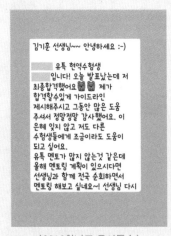

김기훈 선생님~ 안녕하세요 :-)

___ 유특 현역수험생
___입니다! 오늘 발표났는데 저
최종합격했어요🙈🙈 제가
합격할수있게 가이드라인
제시해주시고 그동안 많은 도움
주셔서 정말정말 감사했어요. 이
은혜 잊지 않고 저도 다른
수험생들에게 조금이라도 도움이
되고 싶어요.
유특 멘토가 많지 않는것 같은데
올해 멘토링 계획이 있으시다면
선생님과 함께 전국 순회하면서
멘토링 해보고 싶네요~! 선생님 다시

〈2016학년도 유아특수〉

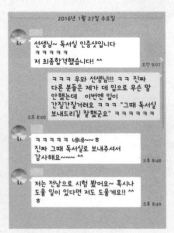

2016년 1월 27일 수요일

선생님~ 독서실 인증샷입니다
ㅋㅋㅋㅋㅋ
저 최종합격했습니다! ^^
오전 9:07

ㅋㅋㅋ 우와 선생님!!! ㅋㅋ 진짜
다른 분들은 제가 데 입으로 무슨 말
안했는데 이번엔 입이
간질간질거려요 ㅋㅋㅋ "그때 독서실
보내드리길 잘했군요" ㅋㅋㅋㅋㅋㅋ
오후 8:08

ㅋㅋㅋㅋ 네네~~ㅎ
진짜 그때 독서실로 보내주셔서
감사해요~~~~ ^^
오후 8:48

저는 전남으로 시험 봤어요~ 혹시나
도울 일이 있다면 저도 도울게요!! ^^
ㅎ
오후 8:49

〈2016학년도 초등특수〉

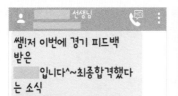

쌤!저 이번에 경기 피드백 받은
_____ 입니다!^^~최종합격했다는 소식
전해드릴려구요^^너무너무
감사했습니다 ㅎ
1월 26일 오후 1:34

와!!! 축하드려요 ~^^ 역시
고득점자 ㅎ ㅎ ㅎ 경기도
시험전형이 바뀌어서
준비하느라 애쓰셨을텐데 정말
수고 많으셨어요 !!! 나중에

〈2016학년도 초등특수〉

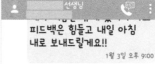

피드백은 힘들고 내일 아침
내로 보내드릴게요!!
1월 3일 오후 9:00

네~ 10시나 11시 이후에
보내볼게요! 감사합니다
선생님!
1월 3일 오후 9:15

2주 전

선생님 안녕하세요~
_____ 입니다~ 저 합격했어요!
수업실연 피드백 잘 해주셔서
정말 감사합니다!^^
1월 27일 오전 7:56

〈2016학년도 초등특수〉

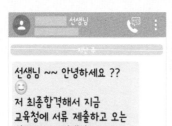

지난 중

선생님 ~~ 안녕하세요 ??
😊
저 최종합격해서 지금
교육청에 서류 제출하고 오는
길이에요 !! 선생님께서 2차
피드백도 해주시고 신도림에서
특강도 해주시고 수험생들
위해서 해주신 덕분으로 좋은
결과 있지 않았나 싶어요 ㅎ ㅎ
감사합니다 ~~~ 😊
2월 4일 오후 5:17

〈2016학년도 중등특수〉

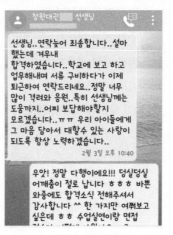

선생님..연락늦어 죄송합니다..설마
했는데 겨우내
합격하였습니다..학교에 보고 하고
업무해내며 서류 구비하다가 이제
퇴근하여 연락드리네요..정말 너무
많이 격려와 응원..특히 선생님께는
도움까지..어찌 보답해야할지
모르겠습니다..ㅠㅠ 우리 아이들에게
그 마음 담아서 대할수 있는 사람이
되도록 항상 노력하겠습니다..
2월 3일 오후 10:40

우앗! 정말 다행이에요!!! 덩실덩실
어깨춤이 절로 납니다 ㅎ ㅎ ㅎ 바쁜
와중에도 합격소식 전해주셔서
감사합니다 ^^ 한 가지만 여쭤보고
싶은데 ㅎ ㅎ 수업실연이랑 면접

〈2016학년도 중등특수〉

목차

3 개념 이해

4 개념 구별

5 개념 적용

6 개념 연결

7 예습 · 복습

8 전공서 공부

계획 ①

할 수 있다는 믿음을 가지면
처음에는 그런 능력이 없을지라도
결국에는 할 수 있는 능력을 확실히 갖게 된다.

- 간디 -

한눈에 살펴보기

계 획

1. 계획이란	• 합격을 위한 요소 반영하기 　－ 개념 이해, 기출분석, 핵심키워드 선정 　, 암기&인출, 답안작성 연습
2. 연간 계획 세우기	• 계획의 끝 정하기 　－ 2차 시험 종료일까지 • 회독과 합격 요소 반영하기
3. 월간 계획 세우기	• 과목 간 연계 고려 • 어려운 과목은 고정적 시간 확보
4. 주간 계획 세우기	• 단원 난이도와 공부 컨디션 고려한 분량 조절
5. 일간 계획 세우기	• 일간 계획의 기초 　－ 과목별 공부시간 정하기 　－ 30분 단위로도 계획 설정 가능 　－ 어려운 과목은 매일 조금씩 • 일간 계획 달성 전략 　－ 집중력에 따른 과목 배치 　－ 기출개념 위주의 공부 　－ 적절히 건너 뛸 것 　－ 단기/작업기억 용량 고려 　－ 처리할 시간 주기 　－ 암기 과목은 자투리 시간에 　－ 낭비 시간 줄이기

1) 계획이란?

계획을 한자로 풀이하면 꾀할 계(計)에 쪼갤 劃(획)이다. 직역하자면 헤아려 쪼갠다는 것인데 '무엇'을 헤아려 쪼갠다는 것일까? 시간? 노력? 에너지? 아니다. 바로 '목표'다. 목표를 달성하기 위해 해야 할 일을 쪼갠 것이 계획이다. 그런데 이 계획의 의미를 더러 잘못 파악하는 수험생들이 있다. 그들은 계획에 목표를 반영하지 못하고 주어진 시간에 무엇을 공부할지만 신경 쓴다. 서로 별 다를 게 없는 것 같지만 어떤 차이가 있는 걸까?

우선 우리의 목표부터 생각해 보자. 우리의 목표는 무엇인가? 그냥 공부만 하는 것이 목표인가? 아니다. 우리의 목표는 합격이다. 합격을 하기 위해 공부를 하는 것이고, 합격을 위한 로드맵을 그리기 위해서 계획을 세우는 것이다. 따라서 계획엔 합격을 위한 필수 요소가 들어가 있어야 한다. 이 요소를 달성하려는 계획 없이 그저 24시간을 시간대별로 나눈 것은 진짜 계획이 아니다. 무늬만 계획일 뿐 알맹이가 빠진 것이다.

그렇다면 합격을 위해 필요한 요소란 무엇인가? 여러 요소로 나열할 수도 있겠지만 최소한으로 추리면 다음과 같다.

- 개념 이해
- 기출분석
- 핵심 키워드 추출
- 핵심 키워드 암기&인출
- 답안 작성 연습(기출 문제, 학원 문제, 스터디 문제)

왜 위의 요소들을 추렸는지 하나하나 자세히 살펴보자.

개념 이해

우선 합격을 하려면 지금까지 문제로 출제됐고, 앞으로도 출제될 가능성이 있는 개념들을 '이해'하는 것이 선결 과제다. 쉬운 개념은 학원 강의와 교재만 봐도 이해가 되지만 난해하고 어려운 개념은 한 번에 이해하기 어려우니 회독 수와 배경지식을 늘려 가며 이해해야 한다.

기출분석

공부하려는 개념이 지금까지 시험문제에서 어떻게 출제됐는지 기출분석을 통해 확인해야 한다. 같은 개념을 묻더라도 해마다 문제 스타일이 바뀌기도 하고, 수준도 점점 심화·확장되기 때문에 그 흐름을 꿰고 있어야 앞으로 어떤 개념이, 어떤 문제 형식으로 나올 수 있을지 예측하고 대비할 수 있다. 1~2월에 학원 기본이론 강의를 들었다면 3월부터는 기출분석을 시작하면 된다. 기출분석도 개념 이해와 마찬가지로 한 번에 끝나지 않는 문제들이 있으므로 3~4월에 1번, 5~6월에 2번, 7~8월에 3번 정도 실행할 수 있도록 계획을 세우면 좋다.

핵심 키워드 추출

지금의 시험 체제는 객관식이 아닌 서술형 체제다. 즉, 점수를 받으려면 직접 적어야 한다는 소리다. 점수 획득은 개념을 핵심 키워드로 얼마나 정확하고 간결하게 표현하는가에 달렸다. 평가자들은 우리의 부모님처럼 너그럽지 못하다. 정확하고 객관적인 용어로 개념을 표현해야 정답으로 인정해 준다. 따라서 개념을 어느 정도 이해했다면 기출분석을 병행하거나 마친 후에 핵심 키워드 추출 작업을 넣어야 한다.

핵심 키워드 암기&인출

개념마다 핵심 키워드를 선정했어도 외우지 않으면 말짱 도루묵이다. 핵심 키워드를 선정했다면 그때부터는 별도의 시간을 들여 암기&인출 연습을 시험 직전까지 해야 한다. 장독립적 사람이 아니라면 이 연습을 혼자서 진행하기는 힘듦으로 온·오프라인 스터디를 통해 함께 점검하는 방향으로 계획을 세워야 한다.

답안 작성 연습

개념을 아는 것과 그 개념을 문제의 조건, 상황, 출제자의 의도에 맞게 적는 것은 서로 다른 별개의 능력이다. "공부만 열심히 하면 문제는 알아서 풀리겠지."라고 생각하는 수험생들이 많은데 그건 오산이다. 답안 작성 연습을 하지 않으면 실수가 발생하기 마련이고 그 실수 때문에 불합격하는 사례를 수도 없이 봐 왔다. 임용시험에서 실수는 실수가 아니라 실력이다. 실수를 하지 않고, 더불어 시간 관리도 용이하게 하려면 답안 작성 연습도 계획에 반영할 수 있어야 한다.

시기별로 이 필수 요소들을 본인의 1년 계획에 넣어 줘야 한다. 그저 오늘은 무엇을 공부하고 다음 주는 무엇을 공부하는 식으로 계획을 세워서는 합격을 보장 받을 수 없다. 우리가 공부를 하는 이유는 '과목별로 공부를 했다.'라는 느낌을 받기 위해서가 아니다. 그 과목 내에서도 중요한 기출개념을 정확히 이해, 암기, 인출 연습하여 출제자의 의도에 맞게 답안 작성을 하려고 공부하는 것이다. 이 목표 의식을 분명히 가진 채 연간, 월간, 주간, 일간 계획을 세워야 한다.

2) 연간 계획 세우기

1년에 한 번뿐인 시험을 체계적으로 준비 하려면 연간 계획부터 세워야 한다.

(1) 계획의 끝 정하기

연간 계획을 세울 때 가장 먼저 고려해야 할 점은 공부의 시작 시기와 끝을 정하는 일이다. 시작 시기는 개인마다 다를 수 있으므로 논의 대상으로 삼지는 않겠다. 하지만 끝나는 시기는 동일하다. 2차 시험을 보는 날이 연간 계획이 끝나는 시기다. 여기서 의아함을 갖는 독자들도 있을 것이다. "아직 1차도 될 지 안 될지 모르는데 2차 시험 날짜까지를 계획의 범위로 잡으라니. 너무 앞서가는 것 아니야?"라고 생각할 수 있겠지만 난 그런 독자들에게 이렇게 말하고 싶다.

"네. 앞서가야 안전하게 합격합니다."

요즘 2차 시험은 예전과 다르게 형식적으로 거치는 관문이 아니다. 칼 같은 채점으로 1차에서 넉넉하게 붙은 사람도 떨어트리는 지옥의 관문이 된 지 오래다. 지역에 따라 다소 차이는 있긴 하지만 면접이나 수업시연을 대강 준비했다가는 100점 만점에 80점대의 점수를 받기 십상이므로 2차에 대해서도 연초부터 어느 정도 대비를 해 놓고 있어야 한다. 거창할 필요 없이 그저 일주일에 딱 1시간만이라도 시간을 내어 30분은 지도서와 교과서를 살펴보고, 나머지 30분은 면접 기출문제를 보면서 어설프게라도 답변 연습을 해 보면 된다.

한편, 1차 시험을 마쳤다면 1~2주 정도 쉬었다가 슬슬 2차 스터디를 구할 생각하지 말고 1차 시험을 마침과 동시에 바로 전공 카페나 학원 강사 카페를 통해 2차 스터디를 구하자. 좀 쉬고 나서 스터디를 구하려고 하면 이미 멤버가 꽉 차서 받아 줄 수 없는 경우가 발생할 수도 있고, 이미 어느 정도 진행된 상태의 스터디에 참여하면 그 스터디의 진행 방식에 적응하는 데도 시간이 걸린다. 빨리 준비해서 더 많이 연습할수록 2차 점수는 높아지므로 꾸물거릴 것 없이 1차 시험을 마쳤다면 곧바로 스터디를 구하자. 여의치 않으면 본인이 직접 만들어도 된다. 계획이나 틀이 완전히 잡혀 있지 않더라도 대강 구상을 해 놓고 스터디를 할 사람들과 만나서 더 세밀하고 구체적으로 계획을 세워 나가면 되므로 일단 시작이라도 해 보자.

(2) 회독과 요소 반영하기

1월부터 시험을 준비하면 1차 시험 전까지 대략 10개월의 시간이 주어진다. 이 기간 동안 각 과목별로 몇 회독을 돌릴 것인지, 그리고 매월 어떤 합격 요소를 반영하여 공부할 것인지를 고려하여 계획을 세워야 한다.

1회독이란 전공 각 과목을 강의를 통해서든 독학을 통해서든 한 바퀴 돌리는 것을 말하며 합격 요소는 앞에서 다룬 '개념 이해' '기출분석' 등의 요소를 말한다. 전공마다 그리고 본인의 능력마다 1회독에 걸리는 시간이 다르겠지만 통상 2개월 정도가 소요되므로, 이론상 10개월 동안 5회독 정도를 각 과목마다 돌릴 수 있고 여기에 합격 요소를 반영하여 연간 계획을 세우면 다음과 같은 샘플이 나올 수 있다.

[초수 기준 연간 계획 샘플]

	회독 수	합격 요소	교재	비고
1월	1회독 - 기본 강의	개념 이해	수험서(강사 교재) + 필독 전공서 1권	간단한 기출문제는 풀어 보기
2월				
3월	2회독(2/3) - 독학	개념 이해, 기출분석, 핵심 키워드 추출	수험서(강사 교재) + 필독서 포함 전공서 2권 이상	단권화
4월				
5월	교육실습	독서실(도서관) 가서 하루 2시간이라도 공부	전공서 1권 + 교육 과정	실습 기간 끝나면 곧바로 공부
6월	2회독(3/3) - 독학	개념 이해, 기출분석, 핵심 키워드 추출	수험서(강사 교재) + 필독서 포함 전공서 2권 이상	단권화
7월	3회독 - 문제 풀이	개념 이해, 기출분석, 핵심 키워드 암기&인출	수험서(강사 교재) + 필독서 포함 전공서 2권 이상	단권화, 서브노트 (직접 제작 or 타인 자료)
8월				

9월	4회독	핵심 키워드 암기&인출,	수험서(강사 교재)	문제 실수
10월	- 모의고사	답안 작성 연습		줄이기, 끝까지
11월	5~7회독	핵심 키워드 암기&인출,	수험서(강사 교재)	안 외워지는 개념 위주로
	- 마무리 암기	답안 작성 연습	또는 서브노트	최종 암기
12~	수업시연+	반성적 사고,	수험서(강사 교재),	주 3회
1월	면접	분석적 성찰	전공카페 지도안	2차 스터디

* 커트라인에서 5점 내외로 떨어진 N수생이 이 계획의 3월을 출발 시점으로 잡으면 된다. 11월은 시험 막바지라 전 과목을 한 번 돌리는 데 걸리는 시간이 적게 든다. 따라서 이 시기에는 최소 2회독에서 많게는 5회독 이상 돌릴 수 있다.

시기별로 설명을 덧붙이자면 우선 1~2월은 다들 학원 기본 이론 강의를 듣느라 바쁠 것이다. 허나, 이때 강사 수험서로만 복습을 하기보다는 각 과목별로 필독서라 불리는 전공서를 부분적으로나마 발췌해서 보기를 권한다. 강의를 들어도, 강의 교재를 다시 봐도 이해가 안 되는 개념은 필독서에서 해당 개념을 찾아보자. 교재에는 부족했던 개념 설명이나 예시가 더 풍부하게 실려 있어서 개념을 이해하는 데 큰 도움이 된다.

또한 이때는 기출분석까지는 아니더라도 기출문제를 가볍게 풀어 볼 것을 권한다. 강의를 듣기 전에는 슥 살펴보면서 어떤 개념이 문제로 출제됐는지 확인하고, 강의를 듣고 복습할 때는 개념을 이해했는지 점검하는 용도로 풀어 보면 된다. 문제를 다 풀 수는 없으니 강의 내용과 관련된 중-하 난이도 몇 문제만 골라서 풀어도 괜찮다.

3~4월부터는 독학을 할 수 있는 시기다. 독학을 할 수 있는 시기라고 했지 꼭 독학을 해야만 하는 시기라고는 하지 않았다. 공부 방향을 스스로 잡기가 정말 어렵다면 연간 패키지로 쭉 강의를 들어도 된다. 하지만 이 책을

읽는 독자들에게 나는 '독학'을 권한다. 독학이 시간 대비 효율 및 효과 면에서 더 낫기 때문이다.

연간 패키지에 따라 강의를 들으면 강사가 짚어 주는 것을 편하게 설명 들으면서 공부할 수 있기 때문에 더 좋다고 생각할 수 있겠지만 실제 학습 효과 측면에서는 그렇지 않다. 강의를 아무리 잘 들어도 남이 설명해 준 것을 머리에 잠깐 담고 있는 것과 그 내용을 강사 교재+전공서를 통해 이해하여 내 것으로 만든 것에는 질적으로 차이가 있다. 또한 강의를 들으면 강의를 듣느라, 그리고 강의 내용을 복습하느라 시간이 이중으로 걸린다. 차라리 그 시간에 각 과목마다 기출개념 위주로 전공서를 발췌독 하면서 기출분석을 스스로 한다면 개념 이해와 기출분석이라는 두 가지 합격 요소를 동시에 잡을 수 있다.

교육실습 기간에는 많은 욕심을 내지 말고 딱 한 과목만이라도 하루 1~2시간 공부하는 것을 목표로 삼으면 된다. 이렇게라도 공부의 끈을 놓지 않아야 교육실습을 마치고 다시 원래의 공부 습관으로 돌아올 수 있다. 실습 기간에 아예 공부를 하지 않으면 1~3월에 쌓았던 공부 습관이 완전히 무너져 다시 돌아오는 데 한참이 걸릴 수도 있다(어쩌면 영영 돌아오지 못할 수도). 그러니 아무리 피곤하더라도 꼭 1시간 정도는 공부할 것을 권하며 실습을 마치고 바로 공부하려면 몸이 거부할 수도 있으므로 첫날엔 2시간, 다음 날에는 3시간, 이런 식으로 시간을 늘려 나가며 점차 공부 습관을 되찾을 수 있도록 하자.

7~8월은 문제 풀이를 하는 시기다. 보통의 경우 강사들은 문제를 미리 풀어 보게 하고 강의를 통해 문제 해설을 해 주는데, 시간이 정 없는 사람

은 강의를 다 듣지 말고 틀린 문제나 강사 모범 답안을 봐도 이해가 되지 않는 문제만 부분적으로 강의를 들으면 된다. 그리고 강조하고 싶은 것 중 하나는 답만 확인하고 넘어가지 말라는 것이다. 문제를 풀면서 어려웠거나 틀린 문제는 지금까지 공부한 자료(강사 교재, 전공서, 논문, 인터넷 검색 자료 등)로 다시 공부한 후에 문제를 풀어 보자. 그래도 안 풀리면 그때 강사 모범 답안을 참고하거나 강의로 해설을 들으면 된다. 이렇게 해야 문제해결능력이 높아지지 처음부터 강사의 해설 강의나 모범 답안을 확인하면 답안 자체를 외우게 된다.

서브노트는 선택사항이지 필수사항은 아니다. 이 시기부터 만들어도 되고, 불안하다면 5월부터 시작해도 되는데 꼭 서브노트를 직접 만들어야 하는 것도 아니다. 합격생의 서브노트나 강사의 암기자료를 구해 수정·보완하여 활용해도 된다. 서브노트를 만들든 만들지 않든 중요한 것은 핵심 키워드를 알고 있느냐다. 답을 적을 때 핵심 키워드로 간결하게 적어야 채점에 유리하다. 따라서 이 시기에는 그동안의 기출분석을 바탕으로 각 개념마다 핵심 키워드를 선정해야 하며, 선정한 키워드는 서브노트나 수험서에 표시하여 암기&인출할 때 준거로 삼아야 한다.

9~10월은 모의고사를 풀면서 7~8월에 했던 과정을 반복하면 되는데 이때는 답안 작성 연습에도 공을 들여야 한다. 개념을 이해한 것과 개념을 답안으로 적어 내는 것에는 큰 차이가 있다. 핵심 키워드를 사용하여 출제자의 의도, 문제의 조건과 상황에 맞게 적어야 점수를 온전히 받을 수 있다. 만약 알고 있는 개념임에도 순간의 선택으로 틀린 문제가 있다면 그 당시 어떤 사고 과정에 의해 그런 결론에 도달했는지를 철저히 분석해야 한다.

또한 그 문제와 비슷한 유형을 나중에 마주칠 경우 어떤 사고의 흐름대로 접근해야 좀 더 정답에 가까울 수 있을지도 생각해 봐야 한다. 그래야 실수를 줄일 수 있다. 11월은 그동안 외우고 또 외웠으면서도 잊어버린 개념을 중심으로 마무리 암기를 하면 된다.

연간 계획을 세울 때는 계획이 지연될 수도 있다는 점을 염두에 두고 있어야 한다. 연초에 세운 계획대로 딱딱 끝내면 얼마나 좋을까? 하지만 우리는 로봇이 아니므로 예상치 못한 일을 겪거나 집중력 및 컨디션 저하로 계획을 제 시간 내에 끝내지 못할 때도 있다. 이럴 때는 '유연하게' 대처를 해야 한다. 어떻게? 불필요한 과정을 삭제하거나 현재 하고 있는 일을 간소화하는 것이다. 가령 1~2월에 강의를 1.2배속으로 듣고 있다면 1.4배속으로 높여서 듣거나 복습 시간을 줄여 계획에 맞게 완강을 하면 된다. 물론 이렇게 복습 시간을 줄이면 리스크가 있지만 어차피 3~4월부터 독학 또는 심화 강의로 다시 공부할 예정이니 크게 걱정할 필요는 없다. 또한 서브노트를 만드는 데 예상보다 시간이 많이 걸린다면 합격생의 서브노트를 구하거나 강사의 암기자료를 구해 암기&인출 연습을 하는 방향으로 돌리면 된다.

계획을 계획대로 지키려면 늘 자신의 공부 습관, 태도, 전략, 방법 등을 메타 인지적으로 점검하면서 어떤 부분에서 시간을 불필요하게 소모하고 있는지를 파악하고 개선해야 한다. 기출문제를 직접 오리고 붙여 분류하는 데 시간을 소모하고 있으면 차라리 강사의 기출문제집을 사서 보는 게 낫고, 모의고사 강의를 듣는 데 시간이 많이 걸린다면 틀린 문제만 강의로 확인하면 된다. 우직하게 남들이 하는 대로 따라가지 말고 영리하게 시간을 줄일 수 있도록 고민해 보자.

3) 월간 계획 세우기

　월간 계획은 주차별로 무엇을 얼마나 공부할 것인지 적은 계획을 말한다. 1월부터 12월까지 한 번에 세울 필요는 없고 한 달 또는 두 달 단위로 필요할 때마다 세우면 된다. 월간 계획은 연간 계획을 바탕으로 세워야 하며 전공과 교육학을 한 바퀴 돌리는 데 걸리는 기간을 고려하여 그 시기를 한 세트로 정하면 된다. 가령 교육학을 한 바퀴 돌리는 데 2개월 걸린다면 1~2월을 1회독 시기로, 전공이 4개월이 걸린다면 1~4월을 1회독 시기로 정하면 된다.

　월간 계획을 세울 때는 과목을 어떻게 배치하느냐가 중요한데 우선 과목 간에 연계성이 높으면 그 과목을 주차별로 붙이는 것이 좋다. 가령 교육학의 경우 '교육철학-교육심리-교육과정-교수·학습-교육평가'순으로 주차별 공부 계획을 잡으면 교육에 대한 여러 관점(교육철학)과 학생에 대한 이해를 바탕으로(교육심리), 무엇을(교육과정), 어떻게 가르치고(교수·학습), 그 과정과 결과를 어떻게 평가(교육평가)할 것인지를 일련의 흐름으로 받아들일 수 있다.

　한편, 정말 어렵고 한 번에 소화하기 힘든 과목의 경우는 주차별 과목 계획에 상관없이 하루 평균 1시간 정도를 매일 공부하는 식으로 방향을 잡아도 된다. 가령 체육 전공자들에게는 '운동역학'이, 음악 전공자들에게는 '화성학'이, 언어 관련 전공자들에게는 고대, 중세, 현대 문법이 어려운 과목일 수 있는데, 이 과목을 매일 1시간씩 공부하는 것이다.

사실 이 방법은 과학적으로도 근거가 있는데 우리의 뇌가 정보를 장기 기억으로 넘길 때 '잠'이 결정적 역할을 하기 때문이다. 새로운 정보를 기존 배경지식과 융합하여 내 것으로 만드는 과정은 '잠'에서 비롯된다. 따라서 어려운 과목의 개념들은 특정 주간이 아니라 여러 날에 걸쳐 받아들이는 것이 좋다. 전자의 방법대로라면 진도는 빨리 뺄 수 있겠지만 개념을 표면적으로만 이해할 뿐 기존 지식과 융합하지 못해 금방 잊어버리게 된다. 반면에 후자의 방법대로 여러 날에 걸쳐 조금씩 공부하면 잠을 자는 동안 그 개념이 내 머릿속의 기존 지식과 융합될 시간을 충분히 줄 수 있기 때문에 장기 기억으로 전환될 가능성이 높다. 이렇게 전환된 장기 기억 지식들은 다시 어려운 개념을 받아들이는 데 도움이 되는 인지적 발판 역할을 하므로 선순환 구조를 만들어 준다.

[월간 계획 샘플]

3월		과목	합격 요소	교재	비고
1주	교육학	교육철학	개념 이해, 기출분석 * 교육학도 기출분석을 하는 것이 좋습니다. 객관식 문제를 보면서 어떤 개념이 요즘 논술 문제로 나오기 좋은지 살펴보세요.	수험서 (강사 교재) + 전공서 1~2권	단권화 (선택사항)
	전공	A과목			
2주	교육학	교육심리			
	전공	B과목			
3주	교육학	교육과정			
	전공	C과목			
4주	교육학	교수·학습			
	전공	D과목			

비고의 '단권화'에 대해 말을 덧붙이자면 단권화는 선택사항이지 의무사항은 아니다. 초수생이라면 이 시기에 단권화가 쉽지는 않을 것이다. 그럴 경우 3~4월에 기출분석과 전공서로 기출개념을 심화·확장해 놓은 다음에 5월부터 차차 시작하면 된다. 또한 3월부터는 1~2월에 봤던 필독 전공서 이외에 서브 전공서도 1권 이상 구해 같이 보는 것이 좋다. 왜냐하면 개념은 그 개념을 설명하는 다양한 내용과 예시로 봤을 때 더 이해하기가 쉽고 적용·응용력을 기르기 좋기 때문이다. 그러므로 학교 도서관에서 공부한다면 서브 전공서를 빌려서라도, 졸업생이라면 지역 대학 도서관의 지역주민제도를 활용해 대출해서라도 볼 것을 권한다.

전공 특수 선생님들께

지적장애와 정서행동장애, 자폐성 장애 과목은 공유하는 내용이 많으므로 주차별로 연계하여 계획을 세우는 것이 좋습니다. 마찬가지로 시각/청각/의사소통 장애 과목과 지체장애/특수교육공학도 묶어서 주차별 계획을 세우면 서로 연관된 내용이 많으므로 공부하기 편합니다.

4) 주간 계획 세우기

주간 계획은 한 주간 공부할 과목을 요일별로 나눈 계획을 말하는데, 일요일 저녁이나 월요일 아침에 계획을 세우면 된다.

[주간계획 예시]

주/요일		과목	분량	합격 요소	비고
3월 1주	월	교육심리	발달	• 개념 이해 - 수험서(강사 교재)를 주축으로 삼되 이해되지 않거나 더 공부하고 싶은 개념은 필독 전공서 및 서브 전공서 내용을 발췌하여 공부하면 됩니다. • 기출분석 - 요일별로 공부할 내용과 관련된 기출문제를 가볍게 훑어보면서 어떤 개념이, 어떤 문제 형식으로 나오는지 확인해 보세요. 공부를 마친 후에는 다시 기출문제를 풀어 보면서 정확히 이해했는지, 꼭 암기해야 하는 내용은 무엇인지도 확인해 보세요.	• 필독 전공서는 구성이 좋고 내용이 비교적 양호하기 때문에 1~2회독 때는 전반적으로 살펴보는 것이 좋긴 합니다. 하지만 기출분석에 근거했을 때 지금까지도 출제된 적 없고, 앞으로도 전혀 출제되지 않을 것 같은 단원이나 주제는 과감히 넘기세요. • 서브 전공서는 필독 전공서로 이해가 되지 않거나 더 알고 싶은 기출개념 내용을 발췌하여 추가적으로 보는 용도로 활용하면 됩니다.
		전공	1-3단원		
	화	교육심리	지능, 창의성		
		전공	4-6단원		
	수	교육심리	학습이론		
		전공	7단원		
	목	교육심리	동기이론		
		전공	8단원		
	금	교육심리	상담, 생활지도		
		전공	9-10단원		
	토	전공 또는 교육학 스터디 - 기출 개념 인출, 기출문제 질의·응답			

요일별로 과목별 분량을 정할 때는 해당 단원의 난이도와 본인의 공부 컨디션을 고려해야 계획이 크게 틀어지지 않는다. 가령 전공과목 A를 이번 주에 공부할 계획인데 1단원에서 6단원까지는 시험에 출제되는 비중이 적다면 하루에 세 단원씩 분량을 잡고 가볍게 공부하면 된다. 반대로 7단원은 시험 출제 비중이 높고 어려운 개념들이 많은 단원이라면 하루에 한 단원만이라도 제대로 끝낼 수 있게 계획을 세우면 된다.

　또한 본인의 공부 컨디션을 고려해 봤을 때 목요일에 가장 공부가 되지 않는다면 그날은 공부를 1~2시간 일찍 마친다든지, 점심시간을 더 여유 있게 잡아 충분히 휴식할 수 있는 시간을 주는 것도 하나의 방법이다. 당장은 손해 같지만 지친 몸으로 목요일에도 강행군을 벌여 금요일에 아예 풀어지는 것보다 쉬면서 얻은 에너지로 다시 주말까지 공부할 힘을 끌어올리는 게 더 적절할 수도 있다.

　토요일은 스터디를 한다면 한 주간 공부했던 내용을 기출개념 위주로 인출해 보고 기출분석을 하면서 잘 풀리지 않거나 어려웠던 문제를 묻고 답하며 궁금증을 해결하면 된다. 만약 스터디를 구하지 않았다면 토요일까지 공부 계획을 이어서 잡거나 아니면 한 주간 공부했던 내용을 되돌아볼 겸 마인드맵을 작성하여 해당 과목에 대한 도식을 머릿속에 형성하는 시간을 가져도 좋다. 매일 진도만 나가는 것보다 2시간 정도는 한 주간 공부한 내용을 돌이켜봐야 공부한 내용이 머릿속에 더 오래 남는다.

　일요일은 주간 계획에 따로 넣지는 않았다. 공부를 하고 싶으면 하는 것이고 정말 힘들다 싶으면 반나절 또는 하루를 통째로 쉬어도 된다(필자는 통째로 쉬었다). 기계처럼 억척스럽게 끌고 가면서 체력을 방전시키는 것보다는 적절히 쉬면서 에너지를 모아 다음 주 공부에 다시 전념하는 것도 현명한 방법이다. 반나절만 쉬고 싶다면, 쉬고 난 후에 한 주간 공부했던 내용 중 시간이 없어 미처 자세하게 보지 못한 개념을 공부하거나 다음 주 계획을 세우는 시간으로 가지면 된다.

5) 일간 계획 세우기

(1) 일간 계획의 기초

- 과목별 공부 시간 정하기

일간 계획은 전날 저녁이나 당일 아침에 세우면 되는데 계획을 작성하기에 앞서 2가지를 생각해 봐야 한다. 첫째, 순수 공부 시간과 둘째, 과목별 공부 시간 비율이다.

순수 공부 시간은 '진짜로' 공부만 하고 있는 시간을 말한다. 식사 시간, 낮잠 시간, 쉬는 시간, 멍 때리고 있는 시간, 잡생각 하고 있는 시간, 공부 도중 화장실을 이용하거나 전화를 받은 시간 등 모든 시간을 뺀 나머지, 즉 순수하게 공부만 하고 있는 시간을 순수 공부 시간이라 한다. 이 순수 공부 시간이 평균적으로 얼마나 되는지 알아야 그 시간에 맞게 과목별로 분량을 정할 수 있다.

이와 더불어 과목별 공부 시간 비율도 생각해 봐야 한다. 중등교원임용시험은 교육학과 전공과목에 대한 배점이 20점 대 80점으로 도합 100점 만점인 시험이다. 그렇다면 내게 주어진 순수 공부 시간도 이 비율에 맞춰 분배를 해 주면 된다. 가령 하루 순수 공부 시간이 10시간이라면 2~3시간을 교육학에, 나머지 7~8시간을 전공에 투자하면 안정적이라 할 수 있다. 교육학을 너무 좋아한 나머지 5시간을 교육학에 투자하는 것은 '과투자'다. 호불호에 관계없이 배점에 따라 공부 시간을 나누는 것이 합리적이다(교육학이나 전공 모두 인강을 처음 듣고 있는 시기라면 4:6비율로 공부하되, 완강을 한 후부터는 교육학 비율을 서서히 낮추면 된다).

더 나아가 전공과목도 여러 세부 과목으로 나뉘는데 그 과목들을 똑같은 비중으로 공부하기보다는 시험에서 차지하는 점수 비중에 따라 시간을 분배해야 효율적이다. 가령 전공과목은 크게 A부터 E과목으로 나뉘는데 최근 기출문제들을 보면 전공 80점 만점에 A과목에 속하는 개념이 기껏해야 5점 미만이라면 그 과목을 공부하는 데 들이는 시간을 줄이고 다른 과목에 더 투자할 수도 있을 것이다.

- 계획은 꼭 시간 단위가 아니어도 괜찮다

30분마다 과목을 바꿔 가며 공부해도 된다. 강연가이자 『공부기술』의 저자인 조승연 씨도 한 과목을 20분 동안 공부했으면 다른 과목을 20분 정도 공부했다가 다시 원래 과목으로 돌아오는 식으로 공부했다고 한다. 그 이유는 공부를 할 때 특정 뇌 영역만 사용할 경우 쉽게 주의력이 저하되므로 다른 뇌 영역을 사용할 수 있도록 과목을 전환했다는 것인데, 뇌 과학적으로 봐도 전혀 근거 없는 말이 아니어서 필자도 수험시절에 종종 사용했었다.

예를 들어, 교육과정과 같이 딱딱하고 추상적인 내용을 30분 정도 공부한 후에는 말랑말랑하고 이야기 형식으로 구성된 전공과목을 공부하기도 했었고, 줄글로만 이루어진 과목을 공부하다가 집중력이 떨어지면 공식을 활용하여 계산하는 개념이 많은 과목으로 전환하여 공부하기도 했었다. 꼭 이렇게 하라는 것은 아니지만 가끔은 집중력을 높이기 위해 이런 전략도 사용할 수 있음을 알아두는 것도 나쁘지 않을 것이다.

- 어려운 과목은 매일 조금씩

월간 계획에서도 언급했지만 전공과목 중 유독 수험생들 사이에서도 어렵다고 정평이 난 과목은 하루 공부 계획에 1시간 정도를 고정적으로 확보해 매일 조금씩 공부하는 방법도 있다. 법, 문법, 공식과 기호가 가득한 과목은 추상적이고 딱딱해서 정해진 주간에 그 과목을 한 번에 끝내기가 힘들 수 있다. 그럴 땐 특정 주간이 아니라 매일 조금씩 배치하여 장기간에 걸쳐 공부하게끔 계획을 세우는 것도 좋은 방법이다.

이렇게 매일 꾸준히 공부하면 한 번에 몰아쳐서 공부하는 것보다 망각 속도가 느리기 때문에 지식을 안정적으로 누적시킬 수 있다는 점과 매일 소량을 공부하기에 타 과목이나 실생활에 적용, 응용해 볼 기회를 많이 만들 수 있다는 장점이 있다. 분량과 시간에 치여 진도를 빼는 것에만 의식하면 이런 기회를 가질 수 없다. 하지만 소량만 다루므로 그 내용을 갖고 쉬는 시간이나 이동 시간, 기타 자투리 시간에 타 과목과 어떻게 연계할 수 있을지, 실제 수업에서 어떻게 수업, 학교생활에 적용시킬 수 있을지를 생각해 볼 수 있다.

실례로 7급 공무원 시험을 준비했던 한 지인은 국어 문법 파트를 공부하고 밥을 먹으러 갈 때는 음식점 간판들을 보면서 문법적으로 어떤 부분이 틀렸는지, 바른 표현은 무엇인지 늘 생각해 봤다고 한다. 사실 대부분의 합격생들은 이렇게 공부한다. 초보 수험생들은 이 사실을 모른 채 진도 빼는 것에만 주력할 뿐이다.

(2) 일간 계획 달성 전략

계획을 계획대로 실행해 나가려면 우직하게 공부하는 태도도 필요하지만 자신을 성찰하며 어떤 부분에서 더 효율적으로 진행할 수 있을지 점검하는 태도도 필요하다. 계획으로 설정한 목표량이 적절한지, 계획을 실행하는 과정에서 사용하고 있는 방법들이 적절한지 살펴봐야 하며 혹시나 불필요하게 시간을 낭비하는 부분이 있는지도 성찰해 봐야 한다. 의지와 깡만 갖고 무작정 덤비기 보다는 계획을 달성하는 데 도움이 될 전략들을 알고 있는지부터 확인해 보자.

- 집중력에 따른 과목 배치

한두 달 공부해 보면 본인도 공부가 잘 되는 시간대와 잘 안 되는 시간대가 언제쯤인지는 대략 알게 될 것이다. 또한 언제 주로 잠이 오는지도 알 것이다. 그런데 잠이 오는 시간대에 어려운 과목을 공부하는 시간으로 설정했다? 이건 그냥 자겠다는 소리와 같은 거다. 의도는 그게 아니었을지라도 결과는 그렇게 될 가능성이 높으니까.

사람의 집중력은 매 시간 늘 높은 수준을 유지할 수 있는 게 아니다. 집중이 잘 되는 시간대와 잘 되지 않는 시간대가 있기 마련이다. 집중이 잘 되는 시간대는 중 또는 중-상 난이도의 과목(단원)을 공부하는 게 낫다. 반면, 집중이 잘 안 되는 시간대에는 하 또는 중-하 난이도의 과목을 공부하거나 본인이 재밌어 하는 과목을 공부하면 자연스럽게 동기와 집중력을 높일 수 있다.

졸음이 오는 시간대에는 손이나 입을 움직일 수 있도록 하면 좋은데, 공부한 내용을 문제를 만들어 본다든가 구두로 인출해 보는 방법을 예로 들수 있다(참지 못할 정도로 졸음이 오면 그냥 마음 편히 자자. 15분 정도는 괜찮다. 상쾌한 머리로 다시 열공하면 된다).

- 기출개념 위주의 공부

공부에 능숙하지 않은 대다수의 수험생들은 전공서를 읽을 때 세세한 부분까지 놓치지 않으려고 돋보기로 보는 것마냥 한 땀 한 땀 정성스레 책을 '정독'한다. 책은 꼭 정독만 해야 하는 건 아니다. 내용 전개상 배경지식이 되는 부분과 기출개념이 아닌 부분은 가볍게 읽고 넘어가면 된다. 우리가 가장 주의를 기울여야 하는 부분은 기출문제로 출제된 개념, 즉 기출개념이다.

주어진 시간에 최고의 효율을 뽑아내려면 책을 읽기 전 내가 공부할 교재에서 기출개념이 어디에 있는지부터 알아야 한다. 공부할 단원(분량)과 관계된 기출문제들을 살펴보면서 어떤 개념이 주로 출제되는지, 그 개념이 어떤 문제형식으로 출제되는지 확인한 후 내가 공부하려는 교재에서 그 개념을 설명하고 있는 부분만 찾아 '정독'하는 것이 효율적이다.

- 적절히 건너뛸 것

사실 이것만 잘해도 시간을 반 이상 아낄 수 있다. 수험생들의 보편적인 특성이라고 장담하지는 못하겠지만 시간관리가 안 되는 수험생들을 보면 대체적으로 아래와 같은 문제를 지니고 있다.

모르면 그 자리에서 이해할 때까지 계속 붙들고 있음.

정말 시간 낭비다. 개념을 이해하지 못하는 것은 생각할 시간이 부족해서라기보다는 배경지식, 선행지식, 관련지식의 부족으로 개념을 이해할 실마리가 없어서 그런 것이다. 이해가 되지 않는 부분을 5~10분 정도 생각해봐도 진전이 없으면 포스트잇이나 본인만의 표시로 체크를 해 놓고 넘기자. 지금의 상태로는 해결할 수 없지만 2회독, 3회독을 거칠수록 그 개념과 관련된 지식들이 풍부해지므로 개념을 이해할 가능성이 점점 높아진다.

아니면 일단 체크를 해 놓고 넘어간 후에 쉬는 시간이나 자투리 시간에 그 부분을 학원 강사에게 직접 물어보거나 강사 카페 및 전공 카페에 질의응답을 남겨 조언을 구하는 방법도 있다. 그러니 지금 당장 이해하지 못했다고 그 내용을 20분, 30분 쳐다만 보며 아까운 시간을 날리지 말고 다음 개념으로 넘어가자. 그 개념 하나 때문에 하루 계획을 망칠 수는 없지 않은가? 당장 이해하지 못했더라도 쉬는 시간, 다음 날, 주말을 이용해 한번 더 살펴보면 이해할 수도 있는 것이고 그래도 안 되면 다음 회기를 노리면 된다.

- 단기/작업 기억의 용량을 고려할 것

단기 기억의 저장용량과 작업 기억의 처리 용량에는 한계가 있다. 어려운 과목을 공부할수록 이 두 기억 공간이 쉽게 과부하가 되는데 이럴 때 우리는 '집중력'이 떨어짐을 확연히 느낀다. 이럴 때는 차라리 잠시 쉬거나 과목을 전환하는 쪽으로 방향을 틀어야 한다. 집중력이 떨어진 채로 그 과목을 붙들고 있으면 시간만 낭비될 뿐 진척이 없다. 어려운 과목이라면 단기/작업 기억 용량이 쉽게 과부하되니 잠시 쉬거나 다른 흥미 있는 과목으로 전환해 과부하 상태를 풀어 줄 수 있어야 한다. 가령 어려운 과목을 공부하다가 20분도 채 안 되어 잡생각이 나기 시작하면 잠시 쉬거나 좋아하는 과목(ex. 교육학이나 전공 다른 과목)을 공부한 후 다시 어려운 과목으로 돌아오면 과부하 상태가 풀린다.

- 처리할 시간을 주자

개념을 머릿속에 입력했으면 처리할 시간도 줘야 한다. 이미 머릿속은 새로운 정보로 꽉 찬 상태인데 그 상태에서 교재를 계속 본다고 개념이 머릿속에 들어올까? 애꿎은 시간만 흘러갈 뿐이다. 모래성을 쌓을 때 계속 모래로만 쌓으면 금방 허물어지므로 물을 중간중간 뿌리듯이, 공부를 할 때도 공부하면서 이해한 개념들이 머릿속에 자리 잡힐 수 있도록 별도의 처리 시간을 줘야 한다.

그렇다면 처리 시간은 어떤 시간을 의미하는 걸까? 처리 시간은 공부한 개념을 회상해 보거나 말하거나 글로 써 보면서 인출해 보는 시간을 말한다. 말하는 것도 귀찮고 글로 써 보는 것도 귀찮으면 도서관 앞 벤치에 앉아 생각만이라도 해 보자. 내가 방금 전에 무엇을 공부했는지 떠올리면 된다. 이때 모든 내용을 떠올리지 못해도 괜찮으며 이동할 때, 밥 먹을 때, 화장실을 이용할 때도 처리 시간은 얼마든지 가질 수 있다.

처리 시간을 가져야 밑 빠진 독에 물 붓는 우를 범하지 않는다. 우리는 새로운 정보를 공부했으면 그 내용들이 머릿속에 알아서 저장될 거라 생각하지만 그렇지 않다. 별도의 과정을 거치지 않으면 그 정보들은 이내 곧 머릿속에서 빠져나가 버린다. 처리 시간을 가지면서 그 개념을 다시 회상해 봐야 밑 빠진 독의 구멍을 막을 수 있다.

그렇게 많은 시간을 들일 필요도 없다. 5분이면 된다. 앉아서 하기 답답하다면 쉬는 시간에 물 마시러 가면서 혹은 도서관(독서실)을 잠시 나와 주변을 산책하면서 떠올려 봐도 좋다. 계절별로 바뀌는 풍경을 감상하며 새소리, 물소리, 바람 소리를 오감으로 느끼다 보면 시각 정보에만 매여 있던 뇌신경을 후각, 청각, 촉각 자극에도 분산시킬 수 있어 다시 집중력을 끌어올릴 수 있게 된다.

- 암기 과목은 자투리 시간을 활용하자

암기를 책상에 앉아서만 하는 건 비효율적이다. 이해가 중요한 과목은 조용히 책상에 앉아 집중을 해야겠지만 암기는 이동할 때나 밥 먹을 때나 가벼운 운동을 할 때와 같이 다소 산만하고 시끄러운 환경에서도 가능하므로 자투리 시간에 분산 배치해도 된다.

조그마한 암기 수첩이나 암기 카드를 휴대하고 다니면서 틈이 날 때마다 개념을 하나씩 외우는 쏠쏠한 재미를 수험생들도 느꼈으면 한다. 수첩이나 카드를 만들기 귀찮다면 그날 공부한 개념 중 꼭 외워야 할 부분을 사진으로 찍어 놓고 자투리 시간에 암기하는 방법도 있다. 필자의 지인 중 한 사람은 샤워를 할 때도 암기를 하기 위해 코팅된 자료를 욕실에 붙여 놓고 틈틈이 외웠다고 한다. 누가 보기에는 "꼭 저렇게까지 해야 하나?"라고 싶겠지만 그런 자투리 시간의 노력들이 모여 경쟁자와 차이를 만드는 것임을 알아야 한다.

- 낭비되는 시간을 줄일 것

하루, 한 주, 한 달을 돌이켜봤을 때 불필요하게 낭비되는 시간이 있는지 살펴보고 그렇다면 그 시간이 주로 언제, 어떤 상황에서 발생하는지 점검해 봐야 한다. 점검을 해야 그 시간을 줄일 수 있도록 예방 또는 개선 방안을 만들어 낼 수 있다. 시간 낭비를 최소화할수록 본래 세웠던 일간, 주간, 월간 계획을 순조롭게 진행해 나가기 쉽다.

이 부분에 대한 몇 가지 예를 들어보겠다. 점심이나 저녁을 집에서 먹고 다시 공부 장소로 돌아가야 하는데 집에서 1~2시간 아예 쉬어 버리는 패턴이 나타난다면 어떻게 해야 할까? 이럴 땐 아예 집을 가지 말아야 한다. 그런 날이 많다면 돈이 들더라도 밖에서 먹거나 도시락을 싸 갖고 다녀야 시간을 벌 수 있다.

스톱워치 시계가 없어서 핸드폰 기능을 사용하는데 어쩌다 SNS도 하고 인터넷 기사도 읽게 된다면 어떻게 해야 할까? 그럴 땐 돈 아끼지 말고 스톱워치 시계를 사서 쓰는 것이 낫다. 핸드폰은 독서실 사물함에 두거나 전원을 끈 채 가방 속에 넣어 놓고 식사 시간이나 집중이 정말 안 되는 시간대에만 잠시 켜서 중요한 연락이 왔는지 정도만 확인하면 된다.

친구들과 강의를 듣고 밥을 먹다 보면 커피까지 먹게 되고 결국 2시간 이상을 불필요하게 낭비한다면 어떻게 해야 될까? 그럴 땐 강의를 듣고 도망치듯이 그 환경에서 벗어나야 한다. 약속이 있거나 급한 척하면서 자연스럽게 빠져나오자. 같이 있으면 정보라도 더 얻지 않을까 싶겠지만 공부에 도움 되는 정보는 그리 많지 않다. 한시라도 빨리 공부 장소로 가서 개념 하나라도 더 공부하는 게 이득이다.

집중이 잘 안 되고 멍 때리는 시간대가 보이면 어떻게 하면 될까? 그 시간에는 공부한 개념을 직접 문제로 만들어 보자. 아니면 좋아하는 과목을 공부하거나 잠깐의 음악 감상으로 기분을 업시키는 것도 괜찮은 방법이다.

누구에게나 시간은 공평하게 주어진다. 공평하지만 그 시간을 낭비하지 않고 얼마나 더 효율적으로, 집약적으로 쓰느냐가 합격을 가르는 열쇠가 된다. 그러니 10분을 만 원의 가치처럼 여기고, 주어진 시간을 최대한 활용할 수 있도록 늘 점검하는 습관을 가져야 한다.

[일간 계획 예시]

		시간	목표	비고
월요일	오전	07:30 ~ 08:00	전날 공부한 개념 인출	• 전날 만든 마인드맵 떠올려 보기 • 기출 개념 몇 가지를 선정하여 구체적으로 인출해 보고 어제 이해 못한 개념 다시 한번 살펴보기
		09:00 ~ 12:00	교육심리 발달이론 + 전공 A과목 b단원	• 공부 전 관련 기출문제 확인(10분) • 집중이 안 될 때마다 바로 과목 전환 • 쉬는 시간마다 공부한 개념 몇 가지 선정하여 인출해 보기
	점심 식사	12:00 ~ 12:40	교육심리 및 전공A과목 개념 암기	• 공부할 때 틈틈이 암기카드 만든 후 식사 시간 및 자투리 시간에 활용
	오후	13:20 ~ 15:30	전공 A과목 c단원 + 교육 과정 ○○쪽	• 공부 전 관련기출문제 확인(10분) • 집중 안 되면 문제 만들기 • 쉬는 시간마다 공부한 개념 몇 가지 선정하여 인출해 보기
		15:30 ~ 16:00	휴식	• 가사 없는 음악 듣거나 산책하기, 스트레칭 하기, 오후에 공부했던 것 가볍게 되새겨 보기
		16:00 ~ 18:00	전공 A과목 c단원 + 교육심리 발달이론	• 공부 전 관련 기출문제 가볍게 훑기 (15분)
	저녁 식사	18:00 ~ 18:40	교육심리 및 전공A과목 개념 암기	• 오후에 공부한 개념 중 필수 기출개념 3~5가지 선정해서 암기
	저녁	19:10 ~ 19:30	교육 과정 ○○쪽 공부	• 집중 안 되면 문제 만들기
		19:40 ~ 22:00	전공 A과목 d단원	• 집중 안 되면 산책 또는 간단한 운동
		23:00 ~ 23:30	기출개념 인출	• 공부했던 내용을 떠올려보거나 교재를 훑어보면서 기출개념 위주로 마인드맵 또는 목차 만들기(15분 이내) • 만든 마인드맵은 다음 날 아침 활용

한눈에 정리하기

계 획	**1. 계획이란**	• 합격을 위한 요소 반영하기
		     - 개념 이해, 기출분석, 핵심키워드 선정
		      , 암기&인출, 답안작성 연습

	2. 연간 계획 세우기	• 계획의 끝 정하기 - 2차 시험 종료일까지 • 회독과 합격 요소 반영하기
	3. 월간 계획 세우기	• 과목 간 연계 고려 • 어려운 과목은 고정적 시간 확보
	4. 주간 계획 세우기	• 단원 난이도와 공부 컨디션 고려한 분량 조절

	5. 일간 계획 세우기	• 일간 계획의 기초
		     - 과목별 공부시간 정하기
		     - 30분 단위로도 계획 설정 가능
		     - 어려운 과목은 매일 조금씩
		 • 일간 계획 달성 전략
		     - 집중력에 따른 과목 배치
		     - 기출개념 위주의 공부
		     - 적절히 건너 뛸 것
		     - 단기/작업기억 용량 고려
		     - 처리할 시간 주기
		     - 암기 과목은 자투리 시간에
		     - 낭비 시간 줄이기

| 함께 풀어 봐요. 너와 나의 연결 고민

Q. 이제 4학년 막 올라가는 수험생인데 하루 몇 시간 정도 공부에 투자해야 하는지 궁금합니다.

- hilk**** 님

A. 순수 공부 시간은 학교 수업이 없는 날을 기준으로 최소 8시간 이상은 되어야 하지 않을까 싶습니다. 순수 공부 시간은 집중하지 못하고 있는 시간, 졸고 있는 시간, 멍 때리고 있는 시간, 식사 시간, 화장실 이용 시간 등을 모두 뺀 시간이므로 실제로 스톱워치로 본인의 순수 공부 시간을 재 보면 8시간을 채우기도 쉽지 않다는 것을 느낄 것입니다.

하지만 이 순수 공부 시간을 너무 민감히 받아들이지 않았으면 합니다. 합격수기를 보다 보면 어떤 사람은 13~14시간씩 공부했으니 나도 그렇게 해야 하는 게 아닐까? 하고 생각하기 쉽지만 공부의 완성은 '시간'에만 달려 있는 것이 아닙니다. 합격은 시간×배경지식×공부전략×집중(열정) 및 기타 변수로 이루어져 있습니다. 학업과 병행하느라, 일을 하느라, 육아를 하느라 물리적인 시간이 부족해도 그동안 공부했던 배경지식과 효율적인 공부 전략 그리고 높은 집중력으로 합격하는 선생님들이 분명 있습니다.

가령 저희 카페 회원 중 중국어 전공 선생님은 쌍둥이 육아를 하느라 여름까지는 하루 2시간도 채 공부를 하지 못했는데요. 사정이 나아져 공부 시간을 대폭 늘릴 수 있게 되면서부터 자신에게 맞는 기출분석+마인드맵+강사자료+서브노트로 올인하여 합격하셨습니다. 1년간 기간제를 하면서도 틈틈이 공부하며 임용에 붙은 선생님들도 여럿 계시고요.

그러니 시간에만 너무 집착하지 말고 내게 주어진 시간을 온전히 공부에만 투자하고 있는지 확인해 보세요. 간절함이 넘치는 사람은 공부 이외에 불필요하게 들어가고 있는 시간을 줄여 어떻게든 한 개념이라도, 한 문제라도 더 풀려고 노력합니다. 그 열정이 합격을 만드는 것이죠. SNS에 빠져 있다면 핸드폰을 아예 집에 두고 오세요. 연애 때문에 시간을 많이 소비하고 있다면 주말에만 만나세요. 게임에 빠져 있다면 게임 ID를 지우세요. 너무도 간절해 꼭 합격하고 싶다면 합격을 방해하는 요소를 제거하거나 수정하며 공부 시간을 늘리면 됩니다. 모든 것을 다 즐기며 살 수는 없습니다. 무언가 소중한 것을 얻으려면 그에 따라 포기해야 할 것도 있기 마련이죠.

Q. 주별로 정한 과목을 기한 내에 끝내지 못할 경우 다음 주까지 이어서 진행한 후 다음 과목으로 넘어가야 하나요? 아니면 계획에 맞게 일단 다음 전공과목으로 전환해서 진행해야 하나요?
- bcy1**** 님

A. 좋은 질문입니다. 그럴 땐 남은 분량을 기준으로 선택해야 합니다. 예를 들어 남은 분량이 하루 이틀만 더 투자하면 끝낼 수 있을 양이라면 일요일이나 다음 주 월요일까지 공부를 해서라도 끝내는 것이 심적으로 부담이 덜할 겁니다. 하지만 3~4일을 공부해도 끝내기 벅찬 분량이라면 애초에 계획을 너무 타이트하게 잡은 것은 아닌지 생각해 봐야 합니다. 만약 그렇다면 설정한 계획 기간을 늘려야 합니다.

아니면 이런 방법도 있습니다. 그냥 다음 과목으로 넘어가는 겁니다. 너무 무책임한 말이 아니냐 생각할 수 있겠지만 기한 내에 끝내지 못한 분량을 다음 주까지 이어 가면 계획 전체가 틀어지게 됩니다. 그러니 일단 계획대로 다음 과목으로 넘어가되 공부를 못한 부분은 다음 회기 때 우선적으로 공부를 하는 것이죠. 예를 들어 A과목을 이번 주에 다 끝내야 하는데 10, 11단원을 미처 끝내지 못했다면 일단 다음 과목인 B과목으로 넘어갑니다. 이런 식으로 전 과목을 다 끝내고 다음 회기에 다시 A과목을 공부할 때 지난번에 다루지 못한 10, 11단원을 우선순위로 잡는 것이죠.

그리고 일간 계획 편에서도 말씀드렸지만 하루 공부 중 불필요하게 낭비되고 있는 시간이나 작업이 있는지도 살펴보세요. 가령 초수고 기출 분석을 이제 막 시작했는데 기출문제를 직접 출력하여 오리고 붙여 분류를 한다면 이는 명백한 시간 낭비입니다. 차라리 강사의 기출분석집을 구해 기출분석을 하면서 어느 정도 체계와 틀을 잡고 나서 직접 분류를 하는 게 낫습니다.

> Q. 작년 현역으로 두 달간 공부를 하고 올해 2월부터 공부를 시작했는데요. 너무나도 예민해서 고민입니다. 학과 공부, 한국사 시험처럼 단기간 바짝 공부하는 시험에선 괜찮았는데 장기간 레이스를 달려야 하는 시험이 있으면 불안함과 초조함, 걱정, 잡생각이 많아집니다. 도대체 왜 그러는 걸까요?
>
> - 2006**** 님

A. 1년 계획과 그에 따른 월간, 주간, 일간 계획이 있는지 묻고 싶습니다. 불안함과 초조함과 잡생각이 생기는 이유는 일간, 주간, 월간 목표가 없어서 발생하는 것이라 생각됩니다. 언제까지 무엇을 얼마나 끝내야 할지에 대한 계획이 머릿속에 있다면 불안할 틈이 없을 겁니다. 이렇게만 진행하면 합격을 바라볼 수 있다는 '희망'을 가질 수 있으니까요. 1년 계획이 없다면 다소 시간이 걸리더라도 2~3시간 정도 시간을 내어 월간 계획이라도 세워 보기 바랍니다. 본인 전공 카페의 합격수기를 참고로 얼추 비슷하게라도 계획을 세워 본다면 불안한 마음이 조금이나마 사그라질 겁니다.

Q. 계획이 자꾸만 밀릴 때는 어떻게 해야 되나요?

A. 본인을 냉철하게 파악할 줄 아는 사람은 몇 안 됩니다. 계획을 세울 때는 보통 자신의 능력보다 과한 양을 목표로 잡는데, 여기서부터 문제가 발생되는 겁니다. 이럴 땐 목표량과 기간을 재설정하여 매일 성취감을 느낄 수 있도록 계획을 바꿔야 합니다. 또한 계획이 밀리는 현상은 효율적인 계획 달성 전략을 사용하지 못 해서일 가능성도 있습니다. 이 부분은 이 책의 일간 계획 파트를 다시 살펴보시기 바랍니다.

마지막으로 집중력 저하, 의욕 감소, 동기 저하도 계획 달성의 방해 요인인데요. 이럴 때 제가 쓰는 방법은 '감정을 반추'하는 것입니다. 1시간 정도 조용한 곳에서나 버스를 타고 이동하면서 내가 왜 공부를 해야 하는지 생각해 봅니다. 지금까지 뒷바라지 해 주신 부모님부터 나를 하찮게 봤던 사람까지 그 어떤 사람이든 추억이든 다 좋습니다. 첫 월급을 타서 부모님께 선물을 해 드려야겠다는 소망부터 꼭 합격해서 그 사람에게만큼은 당당한 모습을 보여 주고 싶다는 다짐이 공부 동기를 불러일으키는 데 상당한 도움이 됩니다. 교육실습 때 꼭 다시 보자고 약속했던 학생들, 실습 동기들, 담당 선생님을 떠올려 보기도 하고 이외에 내가 꼭 선생님이 되어야겠다고 다짐했던 순간들을 떠올려 보세요. 그 경험이 행복했든 슬펐든 화났든 공부 동기를 높이는 중요한 원동력으로 작용할 겁니다. 동기가 높아지면 집중력도 높아지고, 높아진 집중력만큼 계획된 일을 재깍 끝내는 실행력도 높아집니다.

기출분석

②

희망은 보이지 않는 것을 보고
만질 수 없는 것을 만지며
불가능한 것을 성취한다.

- 찰스 칼렙 콜튼 -

기출 분석	**1. 기출분석이란**	• 기출문제 분석을 토대로 무엇을, 얼마나 공부해야 할지 방향을 안내해주는 전략
	2. 기출분석을 하는 이유	• 기출개념 및 기출관련개념을 파악하여 공부하기 위해서

	3. 시기별 기출분석 방법	• 초기
		  – 기출문제 풀어보기
		• 중기
		  – 기출문제의 지문, 보기, 조건 분석하기
		• 후기
		  – 어떤 개념이, 어떤 문제 형식으로 나올지 예상하기

	4. 기출분석 방법	• 분류하기
		• 분석하기
		  – 기출포인트 확인하기
		  – 기출포인트 공부하기
		  – 기출문제 분석하기
		• 추론하기
		  – 흐름 파악하기
		  – 예상하기
		  – 대비하기

	5. 기출문제 활용 팁	• 개념 이해 점검 • 인출 연습 수단 • 기출 변형 문제

1) 기출분석이란?

임용을 준비하는 수험생이라면 기출분석에 대한 중요성을 숱하게 들어 봤을 것이다. 임용의 시작이자 끝이라고도 할 수 있는 기출분석. 과연 무엇을 의미하는 걸까?

기출문제를 푸는 행위 자체를 기출분석이라 생각하는 사람도 있을 것이고, 문제에 필요한 개념을 공부하고 답을 찾아가는 과정을 기출분석이라 생각하는 사람들도 있을 것이다. 또한 기출문제의 지문과 보기, 조건을 꼼꼼히 분석하여 출제자의 의도를 정확히 파악하는 것을 기출분석이라 생각하는 사람들도 있을 것인데, 사실 기출분석은 위 과정 모두를 포함한다.

그렇다면 합격생의 기출분석과 일반 수험생의 기출분석은 어디에서 차이가 있는 것일까? 분명 합격생처럼 기출분석 노트도 만들고 심지어 기출문제도 직접 오리고 붙여 분류했는데 왜 나는 성과를 얻지 못한 걸까?

그 이유는 눈에 보이지 않는 사고 과정의 차이에 있다.

머릿속에서 일어나는 사고 과정은 합격생이 일일이 말로 내뱉지 않고서야 확인할 도리가 없다. 합격생은 문제를 풀고 답만 맞히는 것이 아니다. 한 문제, 한 문제를 세밀하게 분석하면서 '이 문제의 출제 의도는 무엇인지.' '이 문제와 관련된 다른 문제는 무엇인지.' '이 문제에 필요한 개념이 지금까지 어떻게 심화·확장되어 출제됐는지.' '앞으로 이 개념을 어떤 문제 형식으로 출제할 수 있을지.' '그래서 앞으로 나는 이 개념에서도 어떤 부분을 더 세밀하게 공부해야 할지.' 등을 생각하며 시험을 대비한다. 그렇다면 기출분석은 어떤 요소를 포함하면 되는 걸까? 정리하면 다음과 같다.

[기출분석에 필요한 요소]

첫째, 기출문제 풀기(정답과 오답의 이유도 분명하게 댈 수 있도록)

둘째, 보기와 지문이 기출개념의 어떤 세부 내용을 유도하는지 파악하기

셋째, 기출개념이 지금까지 어떻게 심화·발전되어 문제로 만들어졌는지 확인하기

넷째, 기출개념이 앞으로 어떻게 심화·확장되어 문제로 나올 수 있을지 예상하기

마지막, 기출개념의 어떤 부분을 더 깊게 이해하거나 확장시켜 공부할지 방향 정하기

위 요소를 토대로 기출분석을 한 문장으로 정의하면 다음과 같다.

기출분석이란 기출문제를 토대로 지금까지 기출개념이 어떻게 출제됐고, 앞으로는 어떻게 출제될 수 있을지 분석함으로써 어떤 부분을 심화·확장하여 공부해야 할지 방향을 잡아 주는 전략을 말한다.

2) 기출분석을 하는 이유

    기출분석을 하는 이유는 거칠게 표현하자면 삽질하지 않기 위해, 순화해서 말하면 시간 낭비를 하지 않기 위해서다. 우리가 임용을 준비하면서 접할 수 있는 개념들은 크게 3가지다. **기출개념**, 기출관련개념, 기출무관개념. 시간을 낭비하지 않으려면 기출무관개념을 피하고 기출개념 및 기출관련개념에 초점을 두어 공부를 해야 한다.

    '기출개념'은 기출문제에서 직간접적으로 다뤘던 개념을, '기출관련개

념'은 기출에 출제된 적은 없지만 앞으로 기출개념과 관련지어 나오기 좋은 개념을, '기출무관개념'은 시험에 출제된 적도 없고, 앞으로도 출제될 가능성이 낮은 개념들을 말한다. 그럼 효율적으로 공부하기 위해서는 어떻게 하면 될까? 기출무관개념들은 걸러낸 후 기출개념을 1순위로 삼아 공부하고 기출관련개념까지 공부 범위를 넓혀 나가면 된다. 정 시간이 없고 올해는 커트라인을 넘기는 게 목표인 수험생이라면 기출개념만이라도 공부하면 된다.

그렇다면 기출개념과 기출관련개념이 무엇인지 알려 주는 도구는 무엇인가? 바로 '기출분석'이다. 즉, 우리가 기출분석을 하는 이유는 기출개념과 기출관련개념을 파악하여 공부의 방향을 잡고 효율적으로 필요한 내용만 공부하기 위해서다.

기출문제로 출제된 개념은 이론적으로 기반이 탄탄하거나 현장에서의 사용가치가 높은 개념들을 말한다. 이런 개념들은 학계(논문)에서 자주 회자될 만큼 인지도 높은 개념이기도한데, 시험문제로 한번 출제됐다 하면 짧게는 2년에서 길게는 10년 이내에 다시 출제되기 때문에 1순위로 삼고 공부해야 한다. 그런데 간혹 수험생들은 이렇게 생각한다.

"기출개념은 이미 출제된 개념이니 다음에 나올 가능성은 낮을 거야. 남들보다 앞서가려면 기출개념이 아니라 아직 출제되지 않은 은밀하고 세밀한 부분을 먼저 공부해야 돼. 그래야 고득점을 받을 수 있어."

아니다. 절대 아니다. 자기 꾀에 자기가 넘어간 경우가 바로 이런 경우일 것이다. 처음엔 나도 이렇게 생각했었다. 합격 수기를 읽고 기출분석이 중요하다는 것을 머리로는 알고 있었지만 내 마음은 새롭고, 지엽적인 것에 꽂혀 남들이 맞추지 못할 만한 개념만 찾아 공부를 하고 있었다. 하지만 기출분석을 해 보니 그제야 알았다. 임용 시험에서 문제의 80% 이상은 이미 기존에 출제된 기출개념에서 심화·파생된 것임을. 그래서 그때부터 공부 방향은 기출개념을 1순위로 삼고, 그 개념을 더 깊이 있게 공부하거나 확장시켜 관련 개념까지 섭렵할 수 있도록 잡았다. 다음 그림을 보자.

기출분석이라는 '빨대'를 꽂아 각 과목(영역)에서 어떤 개념이 기출개념인지 파악하여 공부한 후 ㉠처럼 기출관련영역의 개념까지 확장시키는 것이 임용 공부의 정석이다. 간혹 전공서 공부에 심취한 나머지 ㉡처럼 기출무관개념까지 다루는 경우도 있다. 이를 방지하기 위해서는 공부 중간중간에 기출문제를 보면서 기출개념과 기출관련개념에서 벗어나지 않았는지 점검하며 다시 기출개념과 기출관련개념으로 돌아올 수 있도록 조정해야 한다.

임용시험은 각 과목(영역)의 모든 개념을 알아야 합격할 수 있는 시험이 아니다. 출제자들은 주로 학계에서 중요하게 다루거나 현재 그리고 미래의 교육현장에서 의미가 있는 개념을 문제로 낸다. 우리는 기출분석으로 이 '의미 있는 개념'을 찾아 집중적으로 공부하고 나머지는 부담 없이 털어내면 된다. 기출분석은 합격으로 가는 '나침반'이다. 이를 유념하며 시기별 기출분석 방법에 대해 알아보자.

3) 시기별 기출분석 접근

　기출분석은 한 번만 하고 끝내는 작업이 아니다. 시기에 따라 다른 관점으로 접근하며 기출문제를 손에 놓지 말아야 한다. 이제 막 공부를 시작한 수험생은 기출문제를 '푸는 것'에 초점을 맞추면 되고 중기부터는 기출문제의 지문, 보기, 조건 등을 꼼꼼하게 '분석'하여 해당 문장과 단어가 어떤 개념을 지칭하거나 유도하고 있는지를 꼼꼼하게 확인하는 방향으로 가야 한다. 후기에는 기출분석을 토대로 앞으로는 어떤 개념이 어떻게 시험문제로 나올 수 있을지를 '예상'해 가며 그에 대해 준비를 하는 방향으로 가면 된다.

(1) 초기

　기출분석은 공부를 처음 시작하는 1회독에도 진행할 수 있다. 이때 말하는 '기출분석'은 진정한 의미에서 '분석'이 아니라 기출문제로 기출개념을 '확인'하고, '풀어 보는 것'에 초점을 맞추면 된다.
　기출문제는 강사의 기출문제집이나 합격생의 기출분류자료를 사용하면 되는데 연도별이 아니라 영역별로 정리된 것을 권한다. 영역별 기출분류는 기출문제를 '과목-주제-개념'순으로 분류한 것을 말하는데, 교육심리학(과목)을 예로 들자면 비고츠키(주제)와 관련된 문제를 모아 근접발달영역, 비계, 역동적 평가, 언어와 사고의 발달, 교육적 시사점 등의 꼭지(개념)로 분류한 방식이 이에 해당한다.

수험생은 이렇게 영역별로 분류한 기출문제를 예습 차원에서 가볍게 보면서 오늘 공부할 개념이 어떤 문제 형식으로 나왔는지 미리 '확인'하면 된다. 물론 쉽게 풀리는 문제는 풀어 봐도 좋다. 하지만 괜히 스트레스 받으면서까지 어려운 문제를 힘겹게 풀지는 말자. 이때는 기출문제를 보면서 어떤 개념이 시험에 나오는지 '확인'하는 것만으로도 큰 의의가 있으니까.

기출문제는 예습 차원에서도 활용할 수 있지만 공부를 하는 도중이나 공부를 마치고도 활용 가능한데, 기출문제를 풀어 보면서 개념 이해를 제대로 했는지, 어떤 내용이나 단어를 외워야 답을 맞힐 수 있는지 점검하는 용도로 쓰면 된다.

수학 공부는 개념을 단순히 이해했다고 끝난 게 아님을 잘 알 것이다. 개념을 이해했더라도 다양한 문제를 풀어 보며 적용력, 응용력을 길러야 진정으로 그 개념을 '내 것'으로 만들었다고 할 수 있다. 임용 공부도 마찬가지다. 개념을 이해했다 할지라도 기출문제로 점검해 보며 정말로 이해했는지, 문제의 조건과 상황에 맞게 적용할 수 있는지 확인해 봐야 한다. 물론 1회독이기 때문에 못 푼 문제가 많을 것이다. 하지만 크게 실망하지 말자. 그런 문제는 2, 3회독 때 다시 보면서 차차 풀어 나가면 되므로 지금 당장 어려운 문제는 표시를 해 두고 넘어가면 된다.

참고로 이 시기에는 기출분석을 한다고 직접 기출문제를 뽑아 정성껏 가위로 오리고 붙여 가며 분류하는 작업은 권하지 않는다. 아직 각 과목의 구조도 잡히지 않은 시기이므로 학원 강사의 기출문제집이나 합격생의 기출분류자료로 기출문제를 접하되, 나중에 각 과목마다 체계가 잡히면 그때 스스로 기출문제를 분류하는 방법이 효율적이다.

(2) 중기

각 과목마다 1회독 또는 2회독을 마쳤다면 개념들이 얼추 머릿속에 갖춰진 상태이므로 이때부터 본격적인 기출분석이 가능하다. 이때의 기출분석은 '분석'에 초점을 맞춰야 한다. 초기 기출분석 단계에서는 기출문제를 풀어 보는 것에 의의를 뒀다면 중기 기출분석에서는 지문, 보기, 조건을 '분석'해 가며 그 내용들이 어떤 개념을 설명하거나 유도하고 있는지 파악하는 데 주력해야 한다. 아래의 문제를 보자.

김 교사의 자기개발계획서를 읽고 예비 교사 입장에서 '교사가 갖추어야 할 역량'이라는 주제로 학생의 정체성 발달에 대한 내용을 구성요소로 서론, 본론, 결론의 형식을 갖춰 논하시오.

〈 자기개발계획서 〉

개선영역	개선사항
진로지도	• 진로를 결정하기 못한 학생의 경우 성급한 진로 선택을 유보하게 할 것 • 학생에게 다양한 진로를 접할 수 있는 충분한 탐색 기회를 제공할 것 • 선배들의 진로 체험담을 들려줌으로써 간접 경험 기회를 제공할 것 • 롤모델의 성공 혹은 실패 사례를 제공할 것

• 논술의 구성 요소
  - 에릭슨(E. Erikson)의 정체성발달이론에 제시된 개념 1가지

그 당시 수험생들에게는 어려운 문제였다. 지금은 답을 알고 보면 쉽지만 그때는 강사들도 이 문제에 필요한 개념을 자세히 다루지 않았던 터라 수험생들은 지문을 봐도 무엇을 적어야 할지 감을 잡기가 어려웠다. 하지만 기출분석을 토대로 기출개념을 정확히 파악하여 이를 대비했다면 말이 달라진다. 다음 문제를 보자.

17. 에릭슨(E. Erikson)의 자아 정체감(ego- identity) 발달에 관한 견해 중 옳은 것은?

① 정체감 확립은 아동기의 중요한 발달과업이다.
② 정체감은 삶을 완성하고 회고하는 단계에서 확립될 수 있다.
③ **심리적 유예기**는 **정체감** 형성을 위해 **대안적인 탐색**을 계속 진행하는 시기이다.
④ 정체감 확립은 부모나 교사의 권유에 따라 자신의 진로나 역할 방향을 성급히 선택한 상태이다.

2004년에 출제된 에릭슨 문제다. 이 문제를 꼼꼼하게 분석했으면 앞서 살펴본 2016학년도 교육학 논술 문제 1번 문항은 쉽게 풀 수 있었다. 위 문제의 답은 ③번이며 에릭슨 이론의 '심리적 유예기' 개념을 올바르게 설명하고 있다. 그렇다면 전공서에서는 이 개념을 어떻게 더 자세히 설명하고 있을까?

[교육심리학 전공서 내용]

자아정체성이 확립되기 전 탐색 기간을 심리적 유예기(psychological moratorium)라고 한다. 즉, 청소년기는 진정한 자아를 찾기 위한 노력을 기울이는 시기로서 자신들의 능력을 시험해 보면서 새로운 역할을 실험하거나 가치 혹은 신념 체계에 대한 끊임없는 탐색 활동을 하게 된다. 따라서 이 시기는 정체성 탐색을 위해 아동기와 성인기 사이에 자신에 대한 결정을 잠시 보류하고 주변인으로부터 일시적으로 해방되는 시기이기도 하다.

『최신교육심리학』이신동/최병연/고영남 공저, 학지사, 2012, 77쪽

전공서 내용을 축약하자면 결국 **심리적 유예기**란 **'정체성 확립을 위해 잠시 진로에 대한 결정을 보류하며 다양한 역할을 시도해 보며 탐색하는 시기**'라 할 수 있다. 이렇게 2004 중등 교육학 문제와 전공서 내용을 바탕으로 심리적 유예기를 파악하고 핵심 키워드로(정체성, 탐색, 보류)로 정리했다면 아래 내용을 봤을 때 어떤 개념을 유도하고 있는지 보일 것이다.

[2016학년도 교육학 논술 지문 일부]

지문	• 진로를 결정하지 못한 학생의 경우 성급한 진로 선택을 유보하게 할 것 • 학생에게 다양한 진로를 접할 수 있는 충분한 탐색 기회를 제공할 것 • 선배들의 진로 체험담을 들려줌으로써 간접 경험 기회를 제공할 것 • 롤모델의 성공 혹은 실패 사례를 제공할 것
조건	- 에릭슨(E. Erikson)의 정체성발달이론에 제시된 개념 1가지

굵게 칠한 단어를 주목해 보자. 2004 교육학 기출문제 보기와 전공서에서 확인한 '심리적 유예기'와 관련된 단어들이다. 그렇다. 결국 2016학년도 교육학 논술 문제의 지문은 '심리적 유예기'를 요구하고 있었던 것이다. 이처럼 임용시험 문제는 기존에 출제된 기출개념을 바탕으로 심화하거나 확장하여 출제되는 것이 원칙이므로 기출문제를 꼼꼼히 분석해 놓으면 얼마든지 대비가 가능한 시험이다.

그럼 우리는 이 시기에 기출분석을 어떻게 하면 될까? 순환적으로 접근하면 된다. 첫째, 개념을 공부할 때 그 개념과 관련된 기출문제를 한데 모아 놓은 후 발문, 지문, 보기, 조건에서 해당 개념을 어떻게 설명 또는 언급하고 있는지를 확인한다. 둘째, 기출문제로 개념을 대강 파악했다면 강사 교재 및 전공서, 논문, 인터넷 검색 등을 통해 개념을 정교하게 이해한다. 셋째, 기출문제와 여러 교재를 바탕으로 해당 개념을 대표할 만한 핵심 키워드를 추린다. 넷째, 최신 기출문제를 풀거나 강사 문제를 풀 때 발문, 지문, 보기, 조건을 꼼꼼히 보며 그 안에 속한 문장과 단어가 어떤 개념을 유도하고 있는지 분석한다.

한 가지 당부하고 싶은 점은 문제가 안 풀린다고 바로 답부터 확인하지는 말라는 것이다. 발문, 지문, 보기, 조건을 구성하는 문장과 단어를 세밀하게 분석하여 출제자가 어떤 의도로 문제를 만들었고, 원하는 답은 무엇인가를 합리적 사고로 풀어 가야 하는데, 이 과정 없이 답부터 확인하게 되면 문제해결력을 전혀 기를 수가 없게 된다. 그러니 잘 풀리지 않더라도 최대한 공부했던 기억을 토대로, 그래도 안 되면 지금까지 공부한 자료를 곁에 두고 풀어 보고, 끝끝내 풀리지 않으면 강사의 기출 해설집이나 해설 강의로 궁금증을 해결하기 바란다.

(3) 후기

각 과목마다 2~3회독을 하면서 기출분석을 했다면 기출 개념은 무엇인지, 그 개념에서도 어떤 세부 내용이 시험에 나왔는지는 말할 수 있는 수준에 도달했을 것이다. 그럼 이 이후에는 기출분석을 할 때 무엇에 초점을 맞추면 될까?

'추론(推論)'

지금까지의 기출분석은 과거와 현재에 초점이 맞춰져 있었다면 앞으로의 기출분석은 '미래'에 초점을 맞춰야 한다. 즉, "앞으로는 어떤 개념이, 어떤 문제 형식으로 나올 수 있을까?"를 생각해 봐야 한다는 것이다. 앞에서도 말했지만 문제는 늘 같은 형식으로 나오지 않는다. 동일한 개념을 물어도 더 깊이 있게 물어볼 수도 있고, 더 확장시켜 낼 수도 있는 것이 시험이다. 그러므로 이 시기에는 기출문제를 보더라도 "앞으로 어떻게 출제될 수 있을까?"를 늘 생각해 봐야 한다. 만약 다시 출제될 가능성이 높으면 해당 개념을 강사 교재로만 공부할 게 아니라 전공서 및 논문까지도 뒤져 가며 깊이 있게, 폭넓게 공부해 놓으면 된다.

앞에서 봤던 교육학 문제들만 봐도 그렇다. 2004 중등 교육학 17번 문제의 ③번 보기를 분석하면서 '심리적 유예기'를 접하고 이 개념이 다시 출제될 수 있을지, 나온다면 어떻게 나올 수 있을지 대비했었다면 2016 교육학 논술문제 소문항을 보고 막힘없이 답을 적을 수 있었을 것이다. 마찬가지로 2016 교육학 논술 문제를 보며 '심리적 유예기'를 전공서에서 찾아 심화·확장하여 공부를 해 놓은 수험생은 나중에 그 개념이 어떤 각도(ex. 학생이 심리적 유예기를 겪을 때 교사의 역할 또는 자아정체성 확립 방법)로 출제되어도 힘들지 않게 답을 작성할 수 있을 것이다.

한편, 이 시기에는 기출문제를 인출 연습 용도로도 활용할 수 있는데 기출문제를 보고 그 문제에 필요한 개념들을 핵심 키워드로 설명할 수 있는지 점검하는 방식으로도 가능하다. 막연히 백지에 인출하는 것이 두렵다면 기출문제를 보면서 개념을 하나씩 인출해 보는 것도 방법이다. 또한 기출문제를 바탕으로 직접 변형 문제를 만들어 스스로 풀어 보거나 스터디원과 함께 만들어 공유한 후 풀어 보는 것도 좋은 방법이다. 개념을 매번 같은 기출문제로만 다루면 지루하기도 하고 문제해결능력을 신장시킬 수 없기에 같은 기출개념이지만 조금은 다른 각도와 조건으로 문제를 만들고 공유하면 개념에 대한 인지적 유연성과 적응력을 기르는 동시에 복습 효과도 누릴 수 있다.

4) 기출분석 방법

(1) 분류하기

기출분석의 첫걸음은 분류하기다. 분류란 기출문제를 과목별 → 주제별 → 개념별순으로 분류하는 것을 말한다. 가령 교육학에서 '교육심리' 과목을 기출분석하고 싶다면 연도별로 프린트한 모든 기출문제들을 보면서 '교육심리'에 해당되는 문제들을 1차적으로 추려내고, 2차 과정에서는 추려낸 문제들을 다시 인지발달/정서발달/지능/창의성/동기/학습양식/학습이론(행동, 인지, 구성주의 등)처럼 주제별로 분류하면 된다. 마지막으로 3차 과정에서는 각 주제에서도 같은 이론 또는 개념(피아제, 비고츠키, 에릭슨, 행동수정, 정보처리모형 등)을 묻는 문제들로 최종 분류하면 된다.

한 가지 당부하고 싶은 점은 기출분류는 꼭 본인이 기출문제를 뽑아 오리고 붙여 가면서 해야 할 필요는 없다는 것이다. 강사들이 만든 기출문제집을 활용하거나 합격생이 분류한 자료가 있다면 그 자료를 활용해도 좋다. 단, 강사나 합격생이라 하더라도 분류 체계가 완벽하지 않을 수도 있고, 주제별로, 개념별로 몇몇 문제는 빠져 있을 수도 있으니 이 점을 유의

하며 없는 문제는 직접 찾아서 넣을 수 있어야 한다.

만약 직접 기출분류를 하고 싶다면 1회독을 마치고 각 과목별로 개념이 어렴풋하게 자리 잡혔을 때 분류할 것을 권한다. 기출문제는 '한국교육과정평가원' 홈페이지의 '자료마당-기출문제' 게시판에서 다운받을 수 있다. 분류는 기출문제를 모두 뽑아 놓고 직접 가위로 오려 붙여 가며 분류할 수도 있고, PDF 파일을 편집으로 잘라 워드 파일에 붙여 넣는 식으로 분류할 수도 있다. 교육심리 과목의 에릭슨 이론을 기출 분류한 예는 다음과 같다.

[에릭슨 이론에 관한 객관식 기출문제 분류 예]

2001학년도 초등	2003학년도 중등
42. 다음 〈보기〉는 에릭슨(Erikson)이 주장하는 심리·사회적 발달을 촉진하기 위한 지도 방법이다. 어떤 성격의 발달과 가장 관련이 있는가? • 학생이 자신의 성취를 확인할 수 있도록 한다. • 독립심과 책임감을 보일 수 있는 기회를 준다. • 어려운 과제의 완성에 대한 기쁨을 경험하게 한다. ① 신뢰감 ② 생산성 ③ 근면성 ④ 자아 정체감	32. 에릭슨(Erikson)의 심리사회적 발달이론 중, 각 단계에서 직면하는 위기와 단계별로 획득해야 할 기본 덕목이 올바르게 연결된 것은? 발달단계　　　　위기　　　　기본덕목 ① 영아기　　주도성 대 죄책감　　능력 ② 유아기　　신뢰감 대 불신감　　의지력 ③ 청년기　자아정체감 대 역할혼미　충성심 ④ 성인기　　생산성 대 자아통정　　지혜

17. 에릭슨(E. Erikson)의 자아 정체감(ego-identity) 발달에 관한 견해 중 옳은 것은?

① 정체감 확립은 아동기의 중요한 발달과업이다.
② 정체감은 삶을 완성하고 회고하는 단계에서 확립될 수 있다.
③ 심리적 유예기는 정체감 형성을 위해 대안적인 탐색을 계속 진행하는 시기이다.
④ 정체감 확립은 부모나 교사의 권유에 따라 자신의 진로나 역할 방향을 성급히 선택한 상태이다.

1. 에릭슨(E. Erikson)의 인성발달 이론에 근거할 때 (가)와 (나)에 들어갈 말로 가장 적합한 것끼리 짝지은 것은?

'근면성 대 열등감' 단계의 아동은 지금까지의 가정이나 유치원 이외의 더 큰 세계로 나아가면서 인지적·사회적 능력의 개발이라는 새로운 과제에 직면하게 된다. 학업뿐만 아니라 또래 및 성인과의 상호작용에서 근면성을 발휘하게 되면 (가) 을 갖게 되는 반면, 이들 과제 수행에 어려움을 겪거나 실패하면 열등감을 갖게 될 수 있다. 이 단계의 심리·사회적 위기를 잘 극복한 아동은 긍정적인 자아개념을 획득하고 (나) 을 갖게 되어 능동적이고 활발한 성격을 형성하게 된다.

```
      (가)    (나)
① 자신감   유능감
② 자신감   의지력
③ 자율성   신뢰감
④ 자율성   의지력
⑤ 친밀감   유능감
```

25. 청소년기의 심리적 발달 특징에 대한 학자들의 견해를 잘못 기술한 것은?

① 안나 프로이드(A. Freud)는 청소년기를 정서적 갈등과 별난 행동으로 특징지어지는 심리적 불안정의 시기라고 가정하였다.
② 해비거스트(R. Havighurst)는 부모나 다른 성인으로부터 정서적으로 독립하는 일을 청소년기 발달과업 중 하나로 제시하였다.
③ 에릭슨(E. Erikson)은 심리사회적 발달이론에서 정체감 위기를 겪고 있는 청소년들의 지배적인 심리 상태를 심리적 유예라고 명명하였다.
④ 셀만(R. Selman)은 조망수용이론에서 형식적 조작 과제를 통과한 청소년들의 조망수용 능력이 사회정보적 조망 수준에 머물러 있다고 설명하였다.
⑤ 엘킨드(D. Elkind)는 청소년기에 나타나는 자아중심적 사고의 특징을 상상적 청중(imaginary audience)과 개인적 우화(personal fable)로 기술하였다.

(2) 분석하기

    기출문제로 출제된 이론(개념)일지라도 그 이론의 모든 내용이 시험에 출제되는 것은 아니다. 이론 내에서도 시험에 출제될 만한 '기출포인트'가 따로 있다. 기출포인트란 시험에 직접적으로 문제화된 세부 내용을 말한다. 아래의 도식을 보자. 교육심리 과목의 '에릭슨 이론'에 대한 전반적인 도식이다.

〈에릭슨 이론 도식〉

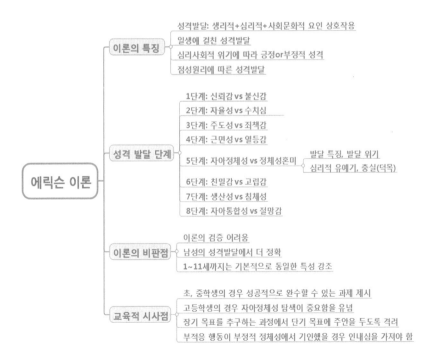

이 도식과 앞에서 분류한 에릭슨 이론 기출문제들을 대조해 보면서 어떤 내용이 시험에 나왔는지, 즉 기출포인트를 확인해야 한다. 그렇지 않으면 이 도식 내용 전체를 공부하게 되는 우를 범한다.

기출문제를 하나씩 보면 2001년도 초등 문제는 발달단계별 특징을 알고 있는지 물었고, 2003년도 중등 문제는 발달단계별 위기와 덕목을 물었다. 2004년 중등 문제는 5단계의 주요 내용인 정체감 확립과 심리적 유예기를, 2010년 중등 문제에서는 보기 ③번에서 심리적 유예기를, 2011년 초등 문제에서는 4단계 발달 단계의 위기와 덕목을 물었다. 지금까지의 문제를 바탕으로 에릭슨 이론의 기출포인트를 정리하면 다음과 같다.

[에릭슨 이론 기출포인트 정리]

- 발달 단계 특징
- 발달 단계 위기
- 발달 단계 덕목
- 심리적 유예기
- 자아정체감 확립

기출포인트가 5가지라 많아 보이겠지만 실상 따지고 보면 교육심리 전공서 2~3쪽 정도의 분량밖에 되지 않는다. 왜냐하면 중등교원임용시험을 준비하는 수험생은 에릭슨이 주장한 1단계부터 8단계까지의 성격발달단계를 다 공부할 필요 없이 청소년기와 연관 있는 5단계(자아정체성vs정체성 혼미)만 공부하면 되기 때문이다. 또한 위의 기출포인트 모두 앞의 도식에서 별표로 표시한 5단계에 속한 개념들이므로 분량도 적고 부담도 적다.

기출분석을 통해 기출포인트를 확실하게 파악하지 않으면 공부할 것이 산더미처럼 많아 보인다. 하지만 그건 엄밀히 말해 '무엇을' 공부해야 할지 정확히 몰라서 발생하는 현상이다. 기출포인트를 확인하면 실제적으로 공부할 범위를 확 줄일 수 있고, 심리적 부담도 줄일 수 있다.

- 기출포인트 공부하기

기출문제를 분석하여 '기출포인트'를 파악했다면 강사 교재, 전공서, 인터넷 검색, 전공 카페 질의응답, 논문 등을 통해 그 포인트에 대한 내용을 찾아 공부해야 한다. 먼저 강사 교재를 살펴보고 해당 기출포인트 내용이 부실하거나 없다면 필독 전공서, 서브 전공서, 인터넷 검색(카페 질의응답 포함), 논문 순으로 찾아 나가며 기출포인트를 확실하게 공부하면 된다. 필독서는 각 과목마다 수험생들 사이에서 인지도가 높은 책을 말하며, 서브 전공서는 필독 전공서보다 구성과 내용면에서는 부족하지만 그래도 발췌해서 보기에 괜찮은 책을 말한다. 아래의 내용은 에릭슨 이론의 기출포인트에 해당하는 전공서 내용들이다.

[자아정체성]

자아정체성이란 자신을 타인과 구별되는 독특한 개인으로 자각하며, 항상 자기 연속성과 자기 동일성을 유지하는 것이라 할 수 있다. 따라서 자아정체성이 강한 사람은 자기를 다른 사람과 분리된 고유한 존재로 자각하며, 다른 사람과 다른 여러 가지 개인적 특성들도 자기다운 독특한 방식으로 조정·통합함으로써 자기 일관성을 유지하고자 한다.

『교육심리학』, 이건인/이해춘 공저, 학지사, 2008, 188쪽

[자아정체성 확립 vs 역할혼미 단계]

이 시기는 12~18세의 청소년 시기로서 에릭슨은 이 시기의 가장 중요한 발달과업은 자아정체성의 확립이라고 하였다. 이 시기에 많은 청소년들은 '나는 누구인가?' '나에게 무엇이 중요하고 의미 있는 가치는 무엇인가?' '나는 어떤 사람이 될 것인가?'와 같은 근본적인 문제에 대해 고민하며, 자신의 지적·사회적·성적·도덕적인 여러 측면을 통일된 자아정체성으로 통합하려 노력한다. 그러나 청소년 시기에는 신체적 변화와 성적 성숙이 급격하게 이루어질 뿐만 아니라 성인도 아닌 주변인으로서의 존재적 특징 때문에 새롭게 부과되는 다양한 사회적 요구에 양가적 상황에 처하게 되며, 진학과 전공 선택의 문제나 이성문제 등과 같은 상황에서 수많은 선택과 의사결정을 해야 하기 때문에 자아정체성 위기를 경험할 수 있다. 에릭슨은 이 같은 청소년기의 심리사회적 위기를 자아정체성 대 역할혼미라고 불렀다.

『최신교육심리학』이신동/최병연/고영남 공저, 학지사, 2012, 76쪽 수정 발췌

[심리적 유예기]

청소년기에 진정한 자아를 찾기 위한 노력을 기울이는 시기로서 자신들의 능력을 시험해 보면서 새로운 역할을 실험하거나 가치 혹은 신념 체계에 대한 끊임없는 탐색 활동을 하는 시기를 말한다. 정체성 탐색을 위해 아동기와 성인기 사이에 자신에 대한 결정을 잠시 보류하고 주변으로부터 일시적으로 해방되는 시기이기도 하다. 오랜 기간의 정체성 탐색은 고통스러운 것이지만, 결국 그것은 보다 높은 차원의 인격적 통합을 가능하게 해 준다.

『최신교육심리학』이신동/최병연/고영남 공저, 학지사, 2012, 77쪽

[자아정체성 확립vs역할혼미 단계의 덕목]

덕목

자아정체성 대 역할혼미의 위기를 잘 극복하면 '충실(fidelity)'이라는 덕목을 갖게 된다. 충실은 다양한 가치체계 간의 불가피한 충돌에도 불구하고 성실을 유지하는 능력으로서 정체감을 유지하는 데 도움이 된다.

『최신교육심리학』이신동/최병연/고영남 공저, 학지사, 2012, 77쪽

- 기출문제 분석하기

기출포인트를 파악하여 공부했다면 다시 기출문제로 돌아와 문제를 세밀하게 분석해 봐야 한다. 발문, 지문, 보기, 조건 가릴 것 없이 문제를 구성하는 문장과 단어 하나하나 세밀하게 뜯어보면서 그 문장과 단어가 어떤 개념을 지칭하거나 유도하고 있는지 적어보면 된다. 에릭슨 이론에 대한 최신 기출문제는 앞에서 충분히 다뤘으니 이번에는 2018학년도 교육학 논술 지문으로 예를 들어 보겠다.

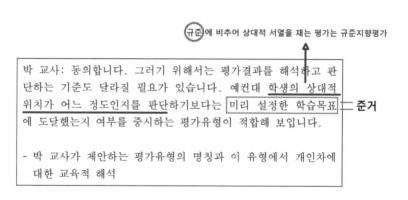

〈2018학년도 교육학 논술 문제 지문과 조건 일부〉

문제의 조건에 따라 답을 작성하면 '박 교사가 제안한 평가유형은 준거참조평가다. 준거참조평가는 충분한 학습시간과 효율적인 교수·학습이 제공되면 누구든 학습목표에 도달할 수 있다고 보므로 개인차를 극복할 수 있다고 본다.'와 같은 답안이 나올 수 있다. 하지만 여기서 중요한 것은 답이 아니다. 위와 같이 지문을 꼼꼼히 보면서 각 문장과 단어가 어떤 개념을 지칭하는지 혹은 어떤 개념과 관련이 있는지 적어 봐야 한다. 그래야 지문을 입체적으로 파악할 수 있다.

문제 여백에는 관련 개념이나 여러 아이디어를 적어 볼 수도 있는데, 가령 문제를 틀렸을 경우 어떤 의식의 흐름을 따랐기에 틀렸는지, 앞으로 그런 상황을 피하려면 어떻게 접근해야 좋을지 등을 적어 볼 수 있다. 또한 이 문제에서 다룬 개념이 앞으로 어떻게 출제될 수 있을지 그려진다면 그런 아이디어도 여백에 적어 두도록 하자. 전공은 다 다르겠지만 이와 관련된 기출분석 예시(2015년도 초등특수 DTT 문제)도 참고하기 바란다.

〈특수교육학 기출문제 분석 예〉

4. (가)는 특수학교 김 교사가 색 블록 조립하기를 좋아하는 자폐성장애학생 준수에게 '2011 개정 특수교육 교육과정' 중 기본 교육과정 수학과 3~4학년군 '지폐' 단원에서 '지폐 변별하기'를 지도한 단계이고, (나)는 이에 따른 준수의 수행 관찰 기록지이다. 물음에 답하시오. [6점]

•색블록 = 강화제

(가) '지폐 변별하기' 지도 단계

•학생이 선호하는 강화제를 찾기 위해
교수·학습 활동 '선호도 평가'를 실시할 수 있음

단계	교수·학습 활동
주의집중	교사는 준수가 해야 할 과제 수만큼의 작은 색 블록이 든 투명 컵을 흔들며 준수의 이름을 부른다.
㉠	교사는 1,000원과 5,000원 지폐를 준수의 책상 위에 놓는다. 이 때 ㉡교사는 1,000원 지폐를 준수 가까이에 놓는다. 교사는 준수에게 천원을 짚어 보세요 라고 말한다. =변별자극
학생 반응	준수가 1,000원 지폐를 짚는다.(=정반응)
피드백	교사는 색 블록 한 개를 꺼내, 준수가 볼 수는 있으나 손이 닿지 않는 책상 위의 일정 위치에 놓는다. 오반응 시 교정적 피드백 제공 17년도 중등 특수 문제로 심화되어 출제
시행간 간격	교사는 책상 위 지폐를 제거하고 준수의 반응을 기록한다. =교수재료 제거

※ 투명 컵이 다 비워지면, 교사는 3분짜리 모래시계를 돌려놓는다. 준수는 3분간 색 블록을 조립한다.

•자극 내 촉진: 변별자극의 크기, 색깔, 위치를 '변화'시켜 제공하는 촉구

•자극 외 촉진: 변별자극 외에 다른 자극을 '추가'하여 제공하는 촉구 (예: 어느 수가 큰지 비교할 경우 각 숫자 밑에 숫자에 해당하는 만큼의 사물이나 사물 그림을 제시한다.

•교정적 피드백: 학생 오반응 시 자극과 함께 촉구 제공 후 정반응을 보이면 강화물 제공
 - 교정적 피드백 제공 시 '촉구 의존성' 주의
 - 촉구 의존성에 빠지면 강화를 서서히 줄여 제거

(나) 수행 관찰 기록지

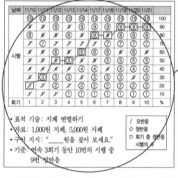

•표적 기술: 지폐 변별하기
•자료: 1,000원 지폐, 5,000원 지폐
•구어 지시: "_____원을 짚어 보세요."
•기준: 연속 3회기 동안 10번의 시행 중 9번 정반응

○ 오반응
○ 정반응
□ 회기 중 정반응 시행의 수

•전공서에도 이 그래프가 나와 있어. 그렇다면 다음 시험에서는 이 그래프를 해석하는 문제가 나오지 않을까?

DTT 장점
1) 반응 연습 기회가 많음
2) 변별자극 명확히 정의하고, 주의 산만 자극을 제거하므로 교수 상황에 집중할 수 있게 됨
3) 과제분석을 하므로 세부적으로 요소별 지도가 가능
4) 정확한 행동(반응)에 즉시 강화하므로 동기↑
5) 누구에게나 동일한 절차대로 적용 가능

1) (가)의 ㉠단계의 명칭과 ㉡에서 적용한 촉구(촉진)의 유형을 쓰시오. [2점]
 •㉠: __자극의 제시__
 •㉡: __자극 내 촉구__

•08년도 유아 문제에서도 냈던 기출포인트(문제점)와 유사함.
앞으로는 그림 반대로 DTT의 '장점'을 물을 수도 있지 않을까?

3) (가)에서 김 교사가 적용한 지도법의 일반적인 제한점을 1가지 쓰시오. [1점]
 •자극에 의존하기 때문에 독립성 및 적응행동 발생을 억제한다.

(3) 추론하기

기출분석의 꽃이라고도 할 수 있는 마지막 과업이다. 우리가 기출분석을 하는 이유는 어떤 개념이, 어떤 문제형식으로 출제됐는지 파악하는 것과 더불어 앞으로는 그 개념이 어떻게 심화·확장되어 문제로 나올 수 있을지를 예상하고 대비하는 데 있다. 그러기 위해서는 우선 기출문제를 보며 문제가 어떻게 출제되고 있는지 흐름부터 파악해야 한다.

- 흐름 파악하기

기출 이론(개념)은 언제나 똑같은 수준의 문제로 출제되지는 않는다. 같은 이론(개념)일지라도 해를 거듭할수록 그 이론(개념)을 심화·확장하여 출제하는 것이 일반적이다. 다음에는 어떤 개념이, 어떤 문제형식으로 나올 수 있을지를 예측하려면 지금까지의 기출문제를 놓고 어떤 흐름에 따라 문제가 만들어졌는지부터 확인해야 한다. 앞에서 다룬 에릭슨 이론 기출문제를 예시로 삼아 다시 한번 그 흐름을 살펴보자(앞에서 분류한 기출문제를 다시 살펴볼 것).

2001년 초등 문제는 발달위기의 '명칭'을 알고 있는지 물었지만, 2003년 중등 문제는 발달위기를 잘 극복하면 얻을 수 있는 '덕목'까지를 묻고 있다. 즉, 기존 기출포인트인 '명칭'에서 '덕목'까지 기출포인트 범위를 확장시킨 것이다. 그 다음 문제도 보자. 2004년 중등 문제는 발달단계 중 5단계(자아정체성vs역할혼미)에 대해 더 깊게 물어보고 있다. 그 전까지는 발달단계(발달위기)의 명칭만 알고 있으면 됐지만 이 문제를 풀기 위해서는 5단계의 세부 개념인 '정체감'과 '심리적 유예기'까지 알고 있어야 했다. 다시 말해, 기존 기출포인트를 심화하여 문제로 만든 것이다. 2010년 중등 문제 보기 ③번은 '심리적 유예기'를 정확히 알고 있는지 다시 묻고 있다. 그럼 마지막 문제도 보자.

2016학년도 교육학 논술 문제 일부

김 교사의 자기개발계획서를 읽고 예비 교사 입장에서 '교사가 갖추어야 할 역량'이라는 주제로 학생의 정체성 발달에 대한 내용을 구성요소로 서론, 본론, 결론의 형식을 갖춰 논하시오.

〈자기개발계획서〉

개선영역	개선사항
진로지도	• 진로를 결정하지 못한 학생의 경우 성급한 진로 선택을 유보하게 할 것 • 학생에게 다양한 진로를 접할 수 있는 충분한 탐색 기회를 제공할 것 • 선배들의 진로 체험담을 들려줌으로써 간접 경험 기회를 제공할 것 • 롤모델의 성공 혹은 실패 사례를 제공할 것

• 논술의 구성 요소
  - 에릭슨(E. Erikson)의 정체성발달이론에 제시된 개념 1가지

'심리적 유예기' 개념을 지문 내용을 바탕으로 정확하게 인출할 수 있는지를 묻고 있다. 기존 기출포인트인 심리적 유예기를 '**확장**'이나 '**심화**'한 형태의 문제는 아니지만 앞으로 이 개념이 출제된다면 어떤 형식으로 나올 수 있을지 예상해 볼 수 있게 만든 문제다.

- 예상하기

　기존 문제들을 보면서 해당 이론(개념)이 어떤 흐름에 따라 확장, 심화
됐는지 파악했다면 이제 이 이론(개념)이 어떻게 나올 수 있을지를 예상해
봐야 한다. 예상을 하려면 "앞으로 어떻게 나올 수 있을까?"와 같은 질문을
던져야 한다. 에릭슨 이론 기출문제와 기출포인트 내용을 토대로 질문을
던져 본다면 아래와 같은 예상이 나올 수도 있다.

[예상 1]

에릭슨 이론이 정말 간단하게 나온다면 16년도 교육학 논술 문제처럼 개념의 명칭만
쓰라고 나올 수도 있을 거야. 그럼 나는 중등임용수험생이니까 청소년기에 해당하는
5단계(자아정체성 확립vs역할혼미)의 세부 개념(심리적 유예기, 자아정체감, 정체성,
충실) **명칭을 정확히 암기**하고 있어야 해.

[예상 2]

각 개념의 의미를 쓰라고 나올 수도 있을 거야. 그렇다면 심리적 유예기, 정체성, 충실
과 같은 개념은 **핵심 키워드로 정리하여 암기&인출** 연습을 해야겠네.

[예상 3]

2016 교육학 논술 문제를 보면 에릭슨 이론의 심리적 유예기를 물었지만 교사의 역
할에 대해서도 지문에 실어 놓았어. 그렇다면 다음 시험에 에릭슨 이론이 나온다면 5
단계(자아정체성확립vs역할혼미)의 위기 극복 방안이나 자아정체성 확립 방안 또는
심리적 유예기 상황에서 **교사의 역할**을 서술하라고 나올 수도 있을 거야.

[예상 4]

5단계(자아정체성 확립vs역할혼미)의 위기를 잘 넘겼을 때 얻게 되는 덕목은 '충실'이
야. 이 '충실'을 시험 문제로 만들 수도 있겠어. 5단계의 위기를 극복했을 때 어떤 덕목
을 얻을 수 있는지 물으면서 그 **덕목의 의미**를 서술하라고 낼 수도 있을 거야.

물론 이런 생각이 처음부터 자연스럽게 잘 되지는 않을 것이다. 적어도 2~3회독 정도는 공부하면서 각 이론(개념)마다 도식을 형성해야 앞으로 어떤 방향으로 심화, 확장해서 나올 수 있을지 가늠해 볼 수 있다. 머릿속에 아무런 도식도 없이 생각만 한다고 좋은 아이디어가 나오는 건 아니다. 각 과목마다 회독 수를 늘려 가며, 기출분석을 반복해 가며 공부했을 때 머릿속에 추론을 위한 '배경지식'이 쌓이는 것이고 이를 바탕으로 앞으로 무엇이 나올 수 있을지를 예상해 볼 수 있는 것이다.

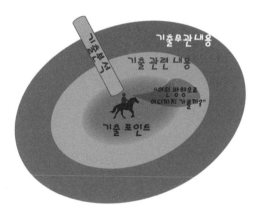

- 대비하기

무엇이, 어떻게 나올 수 있을지 예상해 봤다면 그에 대한 준비까지 해 놓는 것이 '대비하기'다. 강사 교재, 필독 전공서, 서브 전공서, 논문 자료, 인터넷 검색 등으로 기출포인트와 예상포인트에 대한 내용을 찾아 공부하면 된다. 가령 위에서 다룬 에릭슨 이론(5단계)도 기출분석에 근거하여 기출포인트 및 예상포인트를 추려 봤다면 도서관에서 교육심리학 전공서 5권 정도를 빌려 놓고 이에 해당하는 내용을 아래와 같이 찾을 수 있어야 한다. 만약 전공서로 해당 내용을 찾을 수 없다면 논문 및 인터넷 검색을 통해서라도 찾아봐야 한다.

자아정체성(identity)

자아정체성이란 자신을 타인과 구별되는 독특한 개인으로 자각하며, 항상 자기 연속성과 자기 동일성을 유지하는 것이다. 자아정체성이 강한 사람은 자기를 다른 사람과 분리된 고유한 존재로 자각하며, 다른 사람과 다른 여러 가지 개인적 특성들도 자기다운 독특한 방식으로 조정·통합함으로써 자기 일관성을 유지하고자 한다.

『교육심리학』, 이건인/이해춘 공저, 학지사, 2008, 188쪽

심리적 유예기

청소년기에 진정한 자아를 찾기 위한 노력을 기울이는 시기로서 자신들의 능력을 시험해 보면서 새로운 역할을 실험하거나 가치 혹은 신념 체계에 대해 끊임없는 탐색 활동을 하는 시기

『최신교육심리학』, 이신동/최병연/고영남 공저, 학지사, 77쪽

충실(fidelity)

자아정체성 대 역할혼미의 위기를 잘 극복하면 '충실(fidelity)'이라는 덕목을 갖게 된다. 충실은 다양한 가치체계 간의 불가피한 충돌에도 불구하고 성실을 유지하는 능력으로서 정체감을 유지하는 데 도움이 된다.

『최신교육심리학』, 이신동/최병연/고영남 공저, 학지사, 77쪽

교사의 역할

자아정체감이 확립되면 미래에 자신이 무슨 일을 하는 것이 적합한지 그 역할을 알게 되어 직업탐색 등과 같은 미래를 준비할 수 있게 된다. 자아정체감이 확립이 되지 않으면 여전히 자신에게 관심이 한정되어 미래에 자신의 역할이 무엇인지 알지 못하게 된다. 따라서 이 시기에는 자신의 정체감을 찾기 위한 탐색이 허용되고 장려될 필요가 있다. 만약 이것이 방해를 받거나 남의 것을 받아들이도록 강요를 받으면 자아정체감 확립이 방해를 받는다.

『아하! 교육심리학』, 강갑원, 교육과학사, 2014, 75~76쪽

교사의 역할

이 시기에는 또래집단과 부모, 교사 그리고 다양한 사회적 관계에서의 상호작용을 통해 자신의 발달상에 대한 긍정적인 모델을 찾는 것이 청소년의 정체감 형성에 도움을 줄 수 있다.

『학습자의 동기유발을 위한 교육심리학』, 신희경 외 3인 공저, 신정, 2009, 65쪽, 수정 발췌

교사의 역할

교사는 공평하고 중립적인 입장에서 다른 학생들 앞에서 드러나지 않게 칭찬하고 잘못된 부분을 지적해야 학생들의 긍정적인 자아정체감 형성을 도울 수 있다. 또한 학생들이 다양한 상황을 경험하도록 하고 일기 쓰기 등을 통해 그들의 행동과 태도, 믿음을 평가하는 기회를 가지도록 함으로써 자신의 정체성을 탐색하도록 독려해야 한다. 교사는 '장래 희망이 무엇인가? 얼마나 오랫동안 장래에 대해 생각해 왔는가? 학생에게 가장 영향을 미치는 사람은 누구인가? 진로를 선택했다면 자신의 선택에 대해 얼마나 확신하는가? 선택한 분야 외에 다른 분야에 대한 고려는 해 보았는가? 자신의 선택에 대한 느낌은 만족스러운가?' 등의 질문을 학생들에게 던지면서 교육적·직업적 관심에 관하여 이야기를 나눔으로써 학생들이 자아정체감을 형성하도록 적극적으로 도와야 한다.

『교육심리학 3판』 신명희 외 8인 공저, 학지사, 2014, 71쪽

혹시라도 관련 자료를 모두 찾아봤음에도 기출포인트 및 예상포인트에 대한 내용을 찾을 수 없다면 최후의 보루로 기출문제 내용을 추출하는 수밖에 없다. 가령 '심리적 유예기를 겪고 있는 학생을 위한 교사의 역할을 서술하시오.'라는 문제가 나올 것 같은데 이와 관련된 자료를 찾을 수 없다면 아래와 같은 2016학년도 교육학 논술 문제 지문을 활용하여 정리하면 된다.

[심리적 유예기일 때 교사의 역할]

2016년도 교육학 논술 지문 중 일부

- 진로를 결정하지 못한 학생의 경우 성급한 진로 선택을 유보하게 할 것
- 학생에게 다양한 진로를 접할 수 있는 충분한 탐색 기회를 제공할 것
- 선배들의 진로 체험담을 들려줌으로써 간접 경험 기회를 제공할 것
- 롤모델의 성공 혹은 실패 사례를 제공할 것

지금까지 기출분석을 하는 방법에 대해서 알아보았다. 기출분석을 하려면 분류-분석-추론이 단계적으로 이루어져야 한다. 아무리 기출분석의 꽃이 '추론'이라고 할지라도 각 문제마다 분석이 되어 있지 않으면 언감생심 추론은 꿈도 꿀 수 없다. 어렸을 적 다마고찌를 키우던 심정으로 기출문제를 마르고 닳도록 보다 보면 어느 순간 예상포인트를 점칠 수 있는 혜안이 생긴다. 그러니 기출분석을 한 번 끝냈다고 만족하여 덮지 말고 두 번, 세 번 반복할 수 있도록 계획을 세워놓고 실행에 옮기자.

이상으로 기출분석 방법을 마치며 다음 쪽에서는 기출문제를 활용하여 공부 효과를 높일 수 있는 팁을 소개하고자 한다.

5) 기출문제 활용 팁

기출문제는 분석하고 추론하는 용도로만 쓰이는 게 아니다. 개념 이해를 점검하기 위해, 인출 연습 수단으로 삼기 위해, 기출변형 문제를 만들기 위해 활용할 수도 있다.

(1) 개념 이해 점검

기출문제는 공부를 하는 도중이나 공부를 하고 나서 개념을 '이해'했는지 여부를 파악하기 위한 용도로 사용할 수 있다. 수학을 공부할 때 개념의 원리만 이해하고 다음 내용으로 넘어가는 사람은 없을 것이다. 원리를 이해했어도 다양한 문제를 풀어 보며 개념을 여러 조건과 문제 상황에 적용할 수 있는지 확인하며 오개념이 있는지, 꼭 암기할 부분이 어딘지도 살펴본다.

임용 공부도 그렇게 해야 한다. 인문·사회 계열 과목에 해당하는 임용고시생일지라도 개념을 공부했으면 그 개념과 관련된 기출문제들을 꼭 풀어 보면서 개념을 정확히 이해했는지, 이해를 했어도 어떤 부분을 꼭 외워야 하는지 등을 기출문제를 통해 파악해 봐야 한다. 그게 진짜 공부다.

문제를 풀어 봐야 개념이 머릿속에 더 잘 들어온다. 문제를 풀지 않고 눈으로만 쭉쭉 전공서를 읽어 나가면 개념을 이해했다는 '착각'에 빠진다. 개념은 줄글을 단순히 '읽는다고' 잡히는 것이 아니다. 그건 단지 '읽었을' 뿐이지, 개념을 '잡은' 것이 아니다. 개념을 잡으려면 흩어진 퍼즐 조각을 모아 하나의 그림을 완성하듯이, 그 개념을 설명하고 있는 다양한 전공서 내용과 문제들로 개념의 여러 측면을 살펴봐야 한다. 그래야 그 개념에 대한 심상(mental imagery)이 생긴다. 문장 한 줄 외웠다고, 줄글로 내용 이해했다고 개념을 완전히 잡았다고 자만하지 말자. 최소한 기출문제라도 풀어 보면서 개념 이해를 점검해 보자.

(2) 인출 연습 수단

인출 연습은 보통 백지 쓰기나 구두 인출만 생각하기 쉬운데 다른 방법도 있다. 바로 기출문제를 인출의 준거로 삼는 방법이다.

하나의 기출문제는 여러 소문항으로 구성되어 있고, 그 소문항도 1~2가지의 개념을 세분화하여 묻고 있기 때문에 실상 써야 할 것만 따져도 한 문제당 많게는 6가지 이상의 개념을 적어야 할 때도 있다. 만약 백지 쓰기가 두렵고 하얀 백지에 무엇을 쓰는 게 부담스럽다면 기출문제를 보면서 그 문제를 풀기 위해 필요한 개념을 인출하는 식으로 연습해 보자.

필자의 지인도 이 방법을 사용했었다. 이분은 1차 커트라인에서 15점 차 이상으로 합격했는데 백지 쓰기는 자기에게 잘 맞지 않아서 기출문제로 인출 연습을 했다고 한다. 처음엔 기출문제에서 직접적으로 묻고 있는 요소만을 인출해 보다가 익숙해지고 여유가 생기면서 문제에서 묻는 요소 이외에 관련 요소까지 가지를 뻗쳐 가며 인출을 해 봤다고 한다. 예를 들어 어떤 기출문제에서 에릭슨 이론의 '심리적 유예기'를 물었다면 기본적으로 그 개념을 인출해 보고, 그 개념과 관련된 개념인 덕목(충실)이라든지, 자아정체성, 역할 혼미 등도 함께 인출해 봤다고 한다.

본인은 이 방법이 백지 쓰기보다 더 좋았다고 하는데 그 이유를 들어 보니 백지 쓰기는 기계적으로 암기한 것을 나열하는 느낌이라면 기출문제로 인출 연습을 하면 문제의 조건과 상황, 출제자의 의도에 맞게 인출을 하므로 보다 실제적이고 능동적으로 인출 연습을 하는 느낌이 들었다고 한다. 인출 연습에 정답이 있는 것도 아니고 어떤 방법이 더 좋다는 것은 아니니 백지 쓰기나 구두 인출이 어렵거나 잘 맞지 않으면 기출문제로도 인출 연습을 해 볼 것을 권한다.

(3) 기출변형 문제

개념을 더 잘 이해하고, 더 잘 암기하기 위한 방법 중 하나가 바로 문제 만들기다. 문제를 만들다 보면 개념을 정말로 이해했는지, 아니면 피상적으로 내용만 읽고 지나갔는지를 확인할 수 있다. 또한 만든 문제를 나중에 풀어 보면서 복습 효과를 가질 수도 있고, 문제를 만들고 푸는 과정에서 개념의 주요 포인트들이 각인되기에 자연스럽게 암기도 된다. 더불어 문제 만드는 원리도 파악하게 되므로 임용 출제진들이 왜 이렇게 문제를 만들었는지, 어떤 답을 요구하는지, 앞으로는 어떻게 문제로 만들 수 있을지에 대한 아이디어를 얻기도 한다. 그러니 집중력이 떨어지는 시간대에는 종종 공부한 개념을 문제로 만들어 보는 것도 좋은 방법이다.

처음엔 개념을 문제로 만드는 것이 여간 쉽지 않을 것이다. 그러므로 기출문제를 활용해 보자. 기출문제를 살짝만 변형해도 문제 하나가 뚝딱 완성된다. 모방의 가치를 저평가하는 경우가 있는데 모방은 창조의 어머니라는 것을 잊어서는 안 된다. 모방을 통해 각 개념별로 문제 만드는 방식과 원리를 파악하다 보면 점점 고난이도의 문제도 만들 수 있는 힘이 생긴다. 또한 문제를 만들다 보면 시험에 필요한 창의적·융합적·분석적 사고력도 자연스럽게 기를 수 있으니 일석이조의 효과를 가질 수 있다.

문제 만들기는 혼자 하는 것보다 스터디로 진행해야 질적으로, 양적으로 시너지를 얻을 수 있는데 집중이 안 될 때 이해 또는 암기하기 어려운 개념을 문제로 만들어 스터디원과 공유해 보자. 문제를 만들고 푸는 과정에서 '복습' 효과를 가질 수 있고, 다른 스터디원들이 중요하다고 여기는 개념은 무엇인지 파악할 수도 있다. 무엇보다도 스터디원과 문제들을 공유하여 풀기 때문에 혼자 문제를 만드는 것보다 3~4배 다양한 사례로 개념을 점검해 볼 수 있으므로 한 주간 공부했던 내용들을 전반적으로 살필 기회가 충분해진다.

지금까지 기출분석에 관한 모든 방법을 살펴봤다. 임용은 기출로 시작해서 기출로 끝맺음하는 시험이다. 시험 문제의 80~90%는 모두 기존 기출문제에서 심화·확장된 것임을 잊어서는 안 된다. 거울보다, 애인보다 기출문제를 더 자주 봐야 한다. 그래야 임용시험을 대비할 혜안이 생긴다. 기출만 꽉 잡으면 무서울 것이 없다. 잡으면 잡을수록 무엇이 나올지 보이기에 자신감이 생긴다. 여러분들도 꼭 그렇게 되기를 바라며 이번 편을 마친다.

한눈에 정리하기

기출 분석	1. 기출분석이란	• 기출문제 분석을 토대로 무엇을, 얼마나 공부해야 할지 방향을 안내해주는 전략
	2. 기출분석을 하는 이유	• 기출개념 및 기출관련개념을 파악하여 공부하기 위해서

	3. 시기별 기출분석 방법	• 초기
		  – 기출문제 풀어보기
		• 중기
		  – 기출문제의 지문, 보기, 조건 분석하기
		• 후기
		  – 어떤 개념이, 어떤 문제 형식으로 나올지
		    예상하기

	4. 기출분석 방법	• 분류하기
		• 분석하기
		  – 기출포인트 확인하기
		  – 기출포인트 공부하기
		  – 기출문제 분석하기
		• 추론하기
		  – 흐름 파악하기
		  – 예상하기
		  – 대비하기

	5. 기출문제 활용 팁	• 개념 이해 점검 • 인출 연습 수단 • 기출 변형 문제

| 함께 풀어 봐요, 너와 나의 연결 고민

Q. 2003년도부터 2016년도까지 영역별 기출분석을 하려고 했는데 2003년부터 2008년까지 해 보니 요즘 문제와 다른 것도 많은 것 같아요. 내용이 많은 것보다는 2009년부터 2016년 위주로 해서 분석하는 게 좋을까 해서 질문 드립니다.

- leej**** 님

A. 예전 문제들이 지금과 출제 스타일이 다루고, 또 요즘은 잘 사용하지 않는 개념을 다룰지라도 아예 배제시키는 것은 바람직하지 않습니다. 개념은 돌고 돌아 언젠가는 다시 출제되기 때문에 예전 문제들도 보면서 어떤 개념이 요즘에 다시 출제될 가능성이 있을지를 살펴봐야 합니다. 정 부담된다면 시기별로 범위를 나눠서 보는 것도 방법입니다. 가령 기출분석을 3월부터 시작한다면 3~4월에는 최신 문제부터 8년 정도까지의 문제를, 5~6월에는 나머지 문제를 분석하는 것이죠. 물론 선생님이 말씀하신 것처럼 예전 문제는 최신 문제와 스타일이 다르긴 하지만 문제 스타일에 초점을 두지 마시고, 예전 문제에서 다루는 개념이 앞으로도 나올 가능성이 있는지를 살펴보며 그 개념이 만약 시험에 나온다면 어떤 문제 형식으로 나올 수 있을지 예상해 보는 식으로 기출분석을 해 보세요.

전공마다 다를 수 있겠지만 2019학년도 중등 특수 임용고시 시험 문제에서는 2008년도 이전에나 다뤘던 개념을 정말 오랜만에 출제해서 수험생들을 당황하게 만든 적이 있습니다. 그러니 예전 문제를 아예 버리지는 마시고요. 비중과 집중을 낮추는 한이 있더라도 가능하면 예전 기출문제도 기출분석 범위에 넣을 것을 권해 드립니다.

> Q. 기출문제를 영역별로 분류할 때 고민되는 점이 생겨서 여쭤 보려고 합니다. 한 문제 안에 2개 이상의 개념을 묻고 있다면 그 문제는 어떻게 분류를 해야 할까요? 어느 영역으로 분류를 해야 할지 난감합니다.
>
> silk**** 님

A. 기출분류를 할 때는 컴퓨터로 작업하는 방법과 직접 출력하여 분류하는 방법이 있는데요. 만약 전자의 방법으로 분류를 하신다면 고민할 것 없이 바로 그 문제만 PDF 파일에서 잘라 넣기 하여 각 영역에 사이 좋게 넣어 주면 됩니다. 후자라면 그 문제가 전반적으로 어떤 영역에 가까운지를 고민해 보고 그쪽으로 분류하거나, 정 불안하면 복사를 해서 각 영역에 넣어 주면 됩니다.

A. 공부 초기에는 영역별로 기출분석을 하는 것이 좋습니다. 학원 강의를 듣든 독학을 하든 영역별로 진도를 나가니 기출분석도 그에 따라 영역별로 진행하는 것이 편하죠. 어떤 개념을 공부했다면 그 개념과 관련된 문제들을 쭉~ 늘어놓고 풀어 봐야 개념을 다양한 관점에서 볼 수 있으므로 개념의 이해도와 응용력을 높일 수 있습니다.

연도별 기출분석은 영역별 기출분석을 끝낸 후에 진행해도 늦지 않습니다. 실제 시험 상황을 가정하여 시간 내에 문제 푸는 연습을 하고 싶거나 매해 달라지는 출제 스타일을 연차별로 체감하고 싶다면 영역별 기출분석을 마친 후에 연도별로도 풀어 보세요.

Q. 교육학은 인강을 들으면서 주요 내용을 정리하고 있는데요. 교육학이 논술로 바뀐 이 시점에 교육학도 기출분석을 하는 것이 필요한가요?

　　　　　　　　　　　　　　　　　　　　　　　　　- mehy**** 님

A. 일을 병행하거나 자녀를 돌보느라 혹은 기타 여하의 이유로 교육학 공부에 많은 시간을 투자할 수 없다면 학원 강사가 짚어 주는 개념 위주로 공부해 나가는 게 현실적이긴 합니다. 하지만 하루 8시간 이상 공부

할 여건이 주어지는 상황이라면 저는 교육학도 기출분석 할 것을 권해 드리고 싶습니다. 기출분석을 해 봐야 각 과목 내에서도 어떤 개념이 시험에 나왔는지를 알 수 있고, 앞으로 어떤 문제 형식으로 나올 수 있을지를 예측해 볼 기회라도 생기거든요. 강사가 일방적으로 "이게 중요하다. 저게 중요하다."라고 찍어 준 것을 듣기만 하면 정말 왜 중요한지 의문을 가질 수도 있고 확신을 갖기 어려울 수도 있습니다. 기출문제를 풀어 보며 각 과목마다 무엇이 중요한지 본인도 알고 있는 상태에서 강사의 말을 들었을 때 서로 믿음이 생기기도 쉽고요.

임용시험은 1년에 단 한 번뿐이므로 후회하지 않을 행동을 해야 합니다. 강사만 믿고 그대로 따라가기에는 리스크가 있을 수 있어요. 강사가 찍어 주는 대로 시험문제가 나온다면 얼마나 좋겠습니까. 하지만 현실은 그렇지 않죠. 강사가 찍어 주지 않았던 개념이 시험 문제로 나오기도 합니다. 그 몇 문제 때문에 1차 시험에 떨어진다면 얼마나 후회가 되겠습니까. 그러니 학원가에만 전적으로 의지하지 마시고 본인도 기출분석을 해보면서 올해는 어떤 개념이 출제될 수 있을지 예측하며 대비를 해야 합니다.

교육학의 경우 전공처럼 밀도 높게 기출분석을 할 수는 없을지라도 영역별로 기출문제를 보면서 어떤 개념이 어떤 수준으로 출제됐으며, 앞으로는 어떤 문제 형태로 나올 수 있을지 가볍게 살펴보세요. 기출문제는 시중의 기출분석집이나 강사 또는 합격생의 기출분류파일을 구해 보면 됩니다. 또한 객관식 기출문제를 분석할 때는 모든 문제를 범위로 삼지 마시고 최근 교육학 논술 스타일에 비추어 봤을 때 논술 문제로 출제하기 적합한 문제(개념)만 다뤄 보세요. 가령 한국교육사나 서양교육사

같은 객관식 기출문제는 요즘 논술 문제로 나오기가 어렵겠죠? 교육연구, 교육통계, 교육공학 과목에서도 논술문제로 만들 수 있는 개념이 있겠지만 문제로 만들기 어려운 개념들이 더 많을 것이고요. 가장 출제가 많이 되고 있는 교육심리, 교육과정, 교수·학습, 교육평가 과목 문제를 우선적으로 기출분석 해 보세요.

Q. 합격한 선배의 임용특강을 들었는데요. 그 선배는 한 영역을 공부할 때 먼저 기출문제를 분석하고 이론서나 전공서에서 개념을 찾아 공부를 하더군요. 그것도 틀린 방법은 아닌데 저는 초수생이나 마찬가지이고 영역에 대한 개념들이 정립돼 있지 않은데 저 방법으로 공부를 해야 할지 아니면 전공서를 2~3회독 빠르게 읽고 영역마다 틀이 잡힌 후에 기출분석을 시작해야 할지 잘 모르겠습니다.

- y384**** 님

A. 좋은 질문입니다. 타인에게 아무리 좋은 방법도 본인 상황과 현실에 맞게 조정을 해야 합니다. 이제 막 공부를 시작한 1~2회독 시점이라면 과목별로 체계와 구조가 잡히지 않은 상태이며 개념 이해도가 낮아 기출문제를 봐도 그 문제가 어떤 개념을 묻고 있는지, 그 개념이 어떤 과목의 어떤 단원에 속해 있는지를 파악하기가 어렵습니다. 따라서 선생님처럼 이제 막 공부를 한다면 기출문제를 '분석'하는 것에 초점을 맞추지 마시고, 기출문제를 가볍게 '풀어 본다'라는 느낌으로 접근하는 것이 좋습니다.

영역별, 주제별로 잘 분류된 학원 강사의 기출문제집을 구해 공부 전후에 기출문제를 활용해 보세요. 공부를 하기 전이라면 오늘 공부할 단원이나 주제에 대한 기출문제를 가볍게 살펴보면서 어떤 개념이 문제로 출제되는지 파악해 보시고, 공부를 하고 나서라면 그 개념들을 이해했는지, 그 개념에서도 어떤 문장이나 키워드는 꼭 외워야 하는지를 기출문제로 점검하면 됩니다. 이런 식으로 1~2회독을 마치고 나서 본격적인 기출분석을 해도 늦지 않아요!

> Q. 제 전공의 경우 작년 논술은 정말 보지도 못한 이론과 영역을 깊이 있게 묻는 문제가 대다수였어요. 변별을 하기 위해서 점점 더 난이도가 높고 새로운 영역의 문제를 출제하는 것 같더라고요. 기출관련지식만 마스터해도 합격권에 들 수 있을까요?
>
> – 벤** 님

A. 새로운 영역의 이론(개념) 문제는 시험을 치르는 모든 수험생에게 낯설고 당황스러운 문제입니다. 1차 합격과 불합격을 가르는 결정적인 요인은 그런 낯선 문제가 아닙니다. 합·불의 결정적 요인은 기출개념, 기출관련개념을 정확히 알고 있는가, 그리고 그 개념을 문제로 냈을 때 출제자의 의도, 지문, 보기, 조건, 단서를 충분히 고려하여 올바른 방향으로 답안을 적어 낼 수 있는가에 달려 있습니다.

의외로 많은 수험생들이 기출개념을 정확히 이해하지 못하고 그저 피상적으로 문장이나 단어를 외워 '이해'했다고 착각하는 경우가 많습니다.

또한 그 개념에 관한 다양한 문제를 풀어 보지도 않고서 "시험장에 가면 알아서 잘 풀겠지."라는 마음으로 답안 작성 연습에 소홀한 경우가 많습니다. 저는 이런 현상을 보면 참으로 안타깝습니다. 왜냐하면 이렇게 준비해서 시험을 치른 결과를 보면 개념을 대강 알고 있음에도 '정확하게' 알지 못해서 틀리는 경우로 최소 5점, 문제의 보기나 조건, 단서를 출제자의 의도에 맞게 파악하지 못해서 틀리는 경우로 추가 5점이 날아간 시험지를 심심치 않게 보거든요. 그들은 실수라 생각할 수 있겠지만 제 관점에서 보면 사실 이건 실수가 아니라 전략적 실패입니다. 1년 공부 계획에서 답안 작성 연습까지 포함시키지 못한 게 실패였던 것이죠.

물론 새로운 영역의 새로운 개념을 아예 준비하지 말라는 것은 아닙니다. 하지만 그보다 앞서 작년 한 해 공부하면서 내가 잘 모르고 있었음에도 끝내 외면했던 과목이나 개념이 무엇인지 점검해 보고 그 부분을 확실하게 잡는 방향으로 계획을 세웠으면 좋겠습니다. 답안 작성 연습도 꼭 계획에 추가시켜 기출문제를 포함하여 여러 학원 강사의 문제를 풀어 보며 논점 분석 능력을 강화시키고 실수를 줄이는 데 신경을 써 보세요. 그 후에 여유가 있을 때 새로운 영역의 새로운 개념을 대비하는 것이 더 안정적이라 생각합니다.

참고로 본인이 정말로 기출 개념을 이해했는지 확인하려면 세 가지를 살펴봐야 합니다. 첫째, 중학교 1학년도 바로 이해할 수 있을 만큼 쉽고 구체적으로 예를 들어 기출개념을 설명할 수 있는가, 둘째, 그 개념을 핵심 키워드로 인출할 수 있는가, 셋째, 그 개념이 어떤 문제 형식으로 출제되어도 풀 수 있는가입니다. 세 가지를 갖췄다면 개념을 정말 이해한 것입니다. 만약 그렇지 못했다면 그 개념을 설명하는 다양한 전공서, 논문 검색, 인터넷 검색, 카페(전공카페 혹은 강사카페) 질의응답 등을 통해 개념을 정확히 이해할 수 있어야 합니다.

Q. 강의를 수강하는 전공강사의 기출문제집 분류 체계가 마음에 들지 않아요. 놓친 문제도 있는 것 같고요. 직접 분류하기는 시간이 많이 걸릴 것 같아서 엄두가 나지 않는데 어떻게 해야 할까요?

A. 다른 강사의 기출문제집도 살펴보세요. 무작정 인터넷으로 주문하지 말고 고시서점이나 대형 서점에 가서 직접 눈으로 여러 기출문제집을 비교해 보며 분류 체계가 더 깔끔하고 문제를 빼곡히 수록해 놓은 기출문제집을 고르면 됩니다. 시중의 기출문제집도 별로라면 합격생이 기출 분류한 자료를 구해 그곳에 추가적으로 문제를 넣거나 빼면서 본인에게 최적화된 형태로 만들면 됩니다.

개념 이해

물어봄으로써 뭔가를 얻을 수 있다.
잃을 게 없다면 반드시 물어보라!

- W. 클레멘트 스톤 -

개념 이해	1. 개념 앓이	• 개념은 구체적 현상에 대한 추상적 결과물 • 개념 이해 = 사고(思考)과정
	2. 개념 이해 기본 방법	• 간단한 방법 　– 체크해 놓고 넘기기 • 정교한 방법 　– 질문 → 보충자료 → 이해
	3. 단어 쪼개기	• 핵심 단어의 의미를 분명히 파악하여 　개념 이해 돕기

1) 개념 앓이

　나는 꽤 오래전부터 '개념'이 무엇인지 늘 궁금했다. 다들 개념이 중요하다 했지만 나는 '개념을 이해한다.'라는 말이 도대체 무슨 말인지 몰랐다. 꼴에 자존심은 세서 친구에게 "개념은 도대체 어떻게 이해하는 거니?"라고 물어보지도 못했다. 설령 물어본다 하더라도 자기 공부하느라 바빠 그 과정을 세세하게 설명해 줄 사람도 없다는 걸 알기에 나는 결국 개념을 잡지 못하고 '암기' 위주로 공부를 해야만 했다.

　결과는 역시 참담했다. 내신 성적은 교과서나 문제집을 통째로 암기해서 그럭저럭 괜찮았지만 개념을 적용, 응용하는 모의고사에서는 공부한 만큼 점수가 나오지 않았고 결국 수능도 망치고 말았다.

"난 멍청한가? 해도 안 되는가?"

　극단적이긴 하지만 이런 생각이 들 만도 했다. 고등학교 야간 자율학습 시간이면 친구들이 떠드는 것이 싫어 책상을 복도로 빼면서까지 공부를 해 왔던 나였다. 그들보다 더 열심히 공부했고 잠도 줄였는데 최종 결과는 비숫하거나 더 낮았으니 그 절망감을 어찌 다 표현할 수 있을까. 나에 대한 회의감과 비참함이 가득해 모든 걸 다 포기하고 대학 진학도 접고 싶었다.

다행히 주변의 도움으로 원래 목표로 삼았던 교대는 들어가지 못했지만 특수교사를 양성하는 중등특수교육과로 진학할 수 있었다. 어쨌든 신입생이 되니 고등학교 때 누리지 못했던 자유와 낭만 그리고 연애 덕분인지 수능 후 느꼈던 비참함은 잠시 내려놓을 수 있었다. 하지만 1학년이 지나고 2학년에 들어서면서 또 같은 문제로 고민하는 나를 발견하게 되었다. "남들은 나보다 반절도 공부 안 하는 것 같은데 왜 걔네들은 점수가 나랑 비슷하거나 심지어 나보다 더 잘 나올까?"

중간, 기말고사를 준비할 때면 나는 최소 2~3주 전부터 서서히 시험 준비를 했다. 평소에도 수업을 마치고 기숙사로 돌아오면 복습까지 했었다. 반면 동기들은 1주 전부터 급하게 벼락치기로 시험을 봤는데 이상하게도 성적은 그들과 비슷했다. 이런 현상이 반복되자 이젠 내 자신에게 화가 났다. "해도 안 되는 사람이 있다면 그게 난가? 그럼 난 임용 공부를 포기하고 기술을 배우는 게 맞을까?"라는 생각이 머리에 맴돌았다. 그래서 마지막 딱 한 번만 시도해 보고 안 되면 진로를 틀어야겠다고 결심했다.

"이번 학기에(2학년 2학기) 온갖 수단과 방법을 동원해서라도 과탑을 못하면 깔끔하게 임용 포기하고 군대 가자. 전역 후에 기술을 배우자."

이렇게 다짐하니 마지막 공부가 될 수도 있겠다 싶어 그때부터 정말 미친 듯이 공부했었다. 수능 때보다 더 열심히 공부했었던 것 같다. 내 운명이 걸렸으니까. 하지만 예전처럼 '노력'만 기울이긴 싫었다. 그렇게 해서는 안 된다는 걸 경험으로 알고 있으니까. 다른 돌파구가 필요했는데 기회는 우연히 도서관에서 다가왔다. 여느 때와 같이 수업을 마치고 도서관에 가서 복습도 하며 수업과 관련된 서적도 찾으려고 서재를 기웃거리다가 눈에 띈 책들이 보였다. 그건 바로 '공부 방법'을 다룬 책들이었다. 그 전까지는 그런 책들이 있는지조차 몰랐다. 호기심 반 두려움 반으로 책을 집어 훑어봤는데 뭐에 홀린 사람 마냥 그 자리에서 책 반절을 읽어 내려갔다.

신세계였다.

책을 읽고 나니 나는 그동안 공부란 '성실하게 노력'만 하면 되는 영역으로만 여겼나 보다. 우직하게 앉아서 읽고 또 읽고 문제 풀다 보면 실력이 자연스럽게 향상될 줄 알았다. 하지만 그 책에서 소개하는 공부 방법들은 내가 쓰는 방법들과 확연한 차이가 있었다. 생활관리, 시간관리 면에서도 차이가 있었지만 그것보다 충격적으로 차이가 났던 부분은 '개념을 이해하기 위한 사고 과정'이었다.

사고 과정

나는 공부를 할 때 사고(思考)를 어떻게 활용해야 하는 것인지 그동안 전혀 모르고 살았었다. 쉽게 말해, 머리를 굴리는 방법을 전혀 몰랐던 것이다. 계속 반복해서 눈으로 읽기만 하면 개념은 저절로 습득되는 것인 줄 알았다. 하지만 그게 아니었다.

개념을 이해하기 위해 보충 자료를 찾아보는 것에서부터 개념을 구성하는 핵심 키워드를 토대로 개념의 본질이자 이미지(심상)을 그리는 방법들은 그동안 내가 전혀 시도하지 못 했던 방법이었다.

지금 와서 생각해 보면 그 전까지 내가 암기 위주로 공부할 수밖에 없었던 것은 어쩌면 당연한 결과라는 생각도 든다. 왜냐면 공부를 잘하고 싶어서 친구들이 어떻게 공부하는지 관찰하더라도 외현적인 모습이나 참고할 수 있었지 그들의 머릿속까지 들어가 어떤 사고 과정에 의해 개념을 받아들이는지는 볼 수가 없었기 때문이다. 만약 공부를 좀 했던 부모님 밑에서 자랐다면 유전적으로 타고난 성향에 의해 누군가 알려 주지 않아도 그런 사고 과정을 능숙하게 썼겠지만 우리 집안은 공부와는 거리가 먼 집안이었다.

신세계를 경험한 후로 나는 공부의 양적인 면과 질적인 면 모두를 바꾸기 위해 발버둥 쳤다. 그동안은 양적인 측면(노력, 시간)에만 초점을 둬 실패했다면 이번엔 질적(사고 과정) 측면과 양적인 측면 모두 변화를 가해 꼭 원하는 결과를 얻고 싶었다. 어쩌면 이번 공부가 내게 마지막일 수도 있으니까.

하늘은 스스로 돕는 자를 돕는다고 했던가. 2학년 2학기 기말고사를 마치고 성적을 열람한 결과 학년 내에서 2등을 차지할 수 있었다. 만족할 만한 성과는 아니었지만 앞으로의 가능성을 보여 준 첫 성과였다. 더욱이 기뻤던 점은 '사고(思考)를 활용하면 공부의 질적 수준과 효과를 높일 수 있다.'를 깨달은 점이다. 이때부터 나는 개념을 이해함에 있어 어떤 사고 과정을 거쳐야 하는지, 어떤 생각 도구를 사용해야 하는지 더 고민하게 되었다. 그래서 더욱 더 공부 고수들이 쓴 책들을 뒤져 가며 그 공부 기술들을 내 것으로 만들어 보려고 노력했고, 이때부터 나만의 공부 기술을 갖췄던

점이 임용 합격의 열쇠로 작용하지 않았나 싶다.

　필자의 공부 여정을 읽어 줘서 고맙다. 긴 얘기였지만 결국 말하고자 했던 바는 '**공부의 질적 수준을 높이려면 사고 과정을 바꿔야 한다.**'이다. 개념을 이해하려면 사고 과정이 있어야 한다. 그 사고 과정은 눈으로는 보이지 않는 것이기에 말이나 글로 표현해 줘야 알 수 있다. 그래서 이번 편에서는 개념을 이해할 때 어떤 사고 과정을 거치는지 중간중간 박스 형태로 넣었다. 그럼 지금부터 개념 이해 방법을 배워 보자.

2) 개념 이해 기본 방법

　공부를 하다가 특정 문장을 5분 이상 보고 있어도 이해하지 못한다면 그 개념에 대한 선행지식, 배경지식, 관련지식이 부족해서다. 5분 이상 뚫어지게 책을 쳐다봐도 개념을 이해하지 못 하겠다? 그러면 두 가지 방법을 사용해 보자. 첫째, 간단한 방법이고 둘째, 정교한 방법이다.

(1) 간단한 방법

1~2회독 중이면 체크해 놓고 일단 넘어가라

　뭐야. 이거 너무 성의 없는 거 아니야? 하고 말할 독자들의 성화가 벌써부터 느껴진다. 하지만 이 방법이 꽤나 효율적임을 이미 아는 수험생들도 있을 것이다. 이해하지 못하겠으면 쿨하게 넘겨라. 왜? 그런 개념은 20~30분 뚫어지게 쳐다봐도 이해할 가능성이 낮기 때문이다.

　개념을 이해하지 못하는 이유는 배경지식과 선행지식이 부족해서다. 그 개념을 구성하는 하위개념 및 전공용어를 자세하게 몰라서일 수도 있고, 그 개념을 포함하는 단원의 전체적인 맥락이나 내용이 도식으로 자리 잡혀 있지 않아서일 수도 있다. 개념은 머리 싸고 고민만 한다고 잡히는 게 아니다. 그럴 땐 넘어가야 한다. 모르는 부분은 체크해 놓고 일단 넘어가되, 회독 수를 늘려 배경지식을 쌓으면 이해의 실마리를 잡을 가능성이 높아진다. 그러니 당장 이해 못 한다고 조급해하지 말자.

이 말이 납득될 수 있도록 재밌는 실험 하나를 준비해 봤다.

> 당신은 소개팅을 나간 상태이다. 그 사람과 식사를 하며 1시간 정도 얘기를 나눴다. 이러한 상황에서 당신은 그 사람의 본성을 완전히 파악할 수 있을까?

다년간의 소개팅 경험과 동물적인 감각으로 '대충 이러할 것이다.'라는 감은 잡을 수 있겠지만 실제 성격이 어떤지까지는 정확히 알 수가 없다. 왜? 시간과 정보가 부족하기 때문이다.

사람은 여러 상황과 장소 그리고 분위기에 따라 각기 다른 성격을 나타내기도 한다. 처음 만날 땐 '친절의 가면'으로 위장하고 철저히 본색을 가릴 수 있겠지만 부모님과 있을 때, 친구와 있을 때, 업무할 때, 운동할 때, 운전할 때(특히), 술 먹을 때(특히 더) 관찰하다 보면 서서히 본 성격을 파악할 가능성이 높아진다. 이런 본성을 파악하려면 시간을 두고 여러 상황과 조건에서 바라볼 줄 알아야 하고 그렇게 데이터가 종합됐을 때 이 사람은 '이렇구나!' 하고 확신을 가질 수 있게 된다.

개념 이해도 위의 상황과 비슷한 과정이라고 보면 된다. 개념 이해에 필요한 지식들은 특정 페이지에 모두 서술된 것이 아니다. 다른 페이지나 다른 단원에, 아니면 다른 전공서나 논문에 사방팔방으로 흩어져 있기도 한다. 개념 이해란 조각을 모아 퍼즐을 맞추는 과정과 비슷하다고 생각하면 된다. 그러니 지금 보고 있는 전공서 내용만으로 개념 이해가 어렵다면 일단 제쳐놓고 다음 진도로 나가자. 진도를 나가면서 다른 페이지, 다른 단원, 다른 과목의 내용까지 공부해 놓고 다시 돌아오면 그 개념을 이해할 만한 배경지식이 다량으로 구축되어 있기에 개념을 이해할 가능성이 더 높아진다.

따라서 현재 1~2회독 시기라면 당장 이해가 안 된다고 끙끙대지 말고 그런 부분은 표시를 해 두거나 포스트잇 플래그를 붙여 놓고 넘어가면 된다. 기출개념이고 정말 중요해서 이것만큼은 꼭 관련 자료를 찾아봐야겠다면 몇 가지 개념 정도는 전공서나 카페 질의응답, 논문 등 기타 자료를 찾아봐도 괜찮지만 그 수가 많아지면 진도가 한없이 밀리기 시작하니 주의하도록 하자.

지금은 넘어가더라도 2~3회독 때는 1~2회독 때 몰랐던 부분을 우선적으로 보면 되므로 혹시나 놓치고 넘어가지 않을까 하는 걱정은 버려도 된다. 그리고 다른 사람은 다 알고 지나가는데 나만 모르고 넘기는 게 아닌가 하는 걱정도 내려놓아도 된다. 내가 모르는 개념은 남들도 이해 못했을 가능성이 높다. 수박 겉핥기식으로 알고 있거나 몰라도 아는 척하고 있을 수도 있다. 그러니 모른다고 계속 붙잡지 말고 적절히 넘기면서 시간도 절약하고 스트레스도 줄이도록 하자.

(2) 정교한 방법

앞에서 다룬 간단한 방법은 1~2회독 때 사용하면 좋은 방법이다. 하지만 2회독 이상의 시점에서 언제까지나 개념을 나 몰라라 하고 내뺄 수는 없다. 2회독 정도면 배경지식도 어느 정도 쌓인 상태이므로 개념을 진득하게 이해해 볼 만한 능력이 갖춰진 상태다. 이럴 때 사용하는 방법이 '정교한 방법'이다.

물론 이 방법은 1회독 상태에서도 쓸 수는 있다. 하지만 남용하지는 않았으면 좋겠다. 그럼 공부 효율이 매우 떨어지니까. 기출개념이고 너무나도 중요해서 이것만큼은 꼭 지금 이해하고 싶을 때 하루 2~3번 이내로 사용하길 바란다. 정교한 방법의 과정은 다음과 같다.

> **질문 → 보충 자료 찾기 → 이해**

개념이 이해되지 않는다면 구체적으로 어떤 부분이 이해되지 않는지 질문을 던져 보고, 그 부분을 보충하기 위한 자료들을 여러 방면으로 찾아봐야 한다. 즉, 관련 자료를 한데 모아 귀납적 접근으로 개념을 이해하라는 것이다. 내가 어떤 개념을 모른다면 그 개념의 모든 부분을 모르는 것이 아니라, 그 개념의 '일부분'을 몰라서 그런 것이다. 이 일부분에 대한 자료를 찾아 보충학습을 해야 개념을 완전히 잡을 수 있다. 그럼 구체적인 방법을 알아보자.

- 질문

앞에서도 말했지만 개념을 이해하지 못 하는 건 그 개념을 구성하는 하위개념이나 특정 문장, 특정 단어, 관련지식 등을 몰라서 발생하는 결과라 생각하면 된다. 이럴 땐 모르는 부분에 대고 직접적으로 질문을 던져야 한다. 어떻게? 이렇게.

"이게 뭐지?"

사소해 보일 수 있지만 중요한 질문이다. 하지만 의외로 많은 수험생들이 이 질문을 제대로 쓰지 않는다. 시간의 압박 때문인지, 귀찮아서인지, 아니면 질문하는 방법을 배우지 못해서인지 모르겠지만 도통 질문을 하지 않는다. 개념을 이해하려면 개념을 구성하는 요소 중 이해가 되지 않는 부분에 이 질문을 직접적으로 던져야 한다. 그래야 본인이 무엇을 모르는지 자각할 수 있고 이와 관련된 자료를 찾아야겠다는 '의식'도 싹튼다.

개념은 반복해서 읽기만 한다고 잡히는 것이 아니다. 멘토링을 하다 보면 간혹 5~6회독을 했는데도 개념을 이해하지 못해 고민이라고 상담을 하는 수험생들을 종종 보게 되는데, 그 이유는 자신이 개념의 어떤 부분을 모르는지 정밀하게 질문을 던지지 않기도 하거니와 모르는 부분에 대한 보충 자료를 찾아 개념을 정교하게 이해해 보려는 작업을 하지 않아서 그런 것이다.

그럼 개념을 이해하기 위해 어떻게 질문을 던지면 되는 것인지 예제를 통해 배워 보도록 하자. 예제는 2017년 교육학 논술 시험에도 나왔던 구성주의적 학습 환경 설계모형(CLEs)에 대한 내용이다. 자료를 보며 어떤 부분이 이해되지 않는지 표시해 보자.

[구성주의적 학습 환경 설계모형(CLEs)]

핵심 요소	고려사항
문제/과제의 배경	• 구성주의 학습 환경의 가장 큰 특성인 '문제problem'가 학습을 주도 • 학습자는 문제를 해결하기 위해서 관련 내용을 학습하며 이러한 과정에서 통합적으로 맥락적인 지식을 구성 • 쉽게 풀리거나 확인되지 않으며, 다양한 관점을 도출할 수 있는 문제 제시
관련 사례	• 학습 과정에서 개념·원리의 직접적 암기·이해보다는 다양한 사례를 통해 지식구조를 점진적으로 확장·정교화하도록 함 • 기억을 촉진하고 문제에 포함된 쟁점을 명확히 파악하도록 함
인지 도구	• 학습 환경은 학습자가 주어진 문제를 원활하게 해결할 수 있도록 학습자의 인지활동을 지원하는 인지적 도구로서 제시 • 시각화 도구, 수행지원 도구, 정보수집 도구 등의 제공
정보 자원	• 학습자가 문제를 해결하는 데 필요한 충분한 정보를 제공하는 학습 환경 조성 • 학습자는 정보를 활용하여 문제해결을 위한 가설을 세우고, 가설을 검증하는 동시에 자신들의 지식구조를 정교화

『교육방법 및 교육공학(의사소통, 교수설계, 그리고 매체 활용)』제3판,
이성흠 외 3인 공저, 교육과학사, 2013, 105쪽

필자는 이 자료를 3번 반복해서 읽어도 이해가 안 됐다. 그래서 이해가
안 되는 부분에 대고 다음과 같이 질문을 던져 봤다.

질문 1: 문제/과제의 배경	• **여기서 말하는** 문제는 **무엇**을 말하는 거지? 수학책에서 풀 수 있는 문제 같은 것을 말하는 건가?
질문 2: 관련 사례	• 관련 사례를 접하면 기억이 촉진된다고? 왜? 어떻게? • 여기서 말하는 기억은 무엇을 의미하지? 문제 자체에 대한 기억인지? 문제와 관련된 사례에 대한 기억인지?
질문 3: 인지 도구	• 인지 도구란 뭘까? 왜 필요할까? • 수행지원 도구는 뭘까? 그 예는 뭘까?
질문 4: 정보자원	• 정보를 제공하는 학습 환경의 **예**로 무엇이 있을까? • 가설을 검증하는 동시에 지식구조를 정교화한다는 말은 무슨 의미일까?

- 보충 자료 찾기 + 이해하기

질문을 던졌다면 이에 관한 보충 자료를 찾아보자. 보충 자료로 모르는 개념을 여러 측면에서 살펴봐야 개념을 이해할 가능성이 높아진다. 보충 자료는 강사 교재, 전공서, 논문, 전공카페 자료, 인터넷 자료 등을 말한다. 이 중에서도 필자는 전공서와 논문에 익숙해지라고 권하고 싶다. 시험 문제는 전공서와 논문 내용을 기반으로 만들어지기 때문이다.

간혹 강사 교재만 보면서 공부하는 친구들이 있는데 IQ와 언어 이해력이 좋다면 말리지는 않겠지만 일반적으로 강사 교재는 여러 전공서 내용을 압축하여 짜깁기해 놓았기 때문에 그 자료만 갖고 개념을 이해하기란 여간 쉬운 일이 아니다. 그러니 일반적인 수험생이라면 개념에 대한 전후 맥락이라든지, 관련 내용, 예시가 충분하게 실린 전공서를 보충 자료로 자주 활용했으면 한다. 전공서도 딱 한 권만 보지 말고 여러 전공서를 보길 바란다. 저자에 따라 같은 개념일지라도 더 친절하게 설명하기도 하고 기존 전공서에서 보지 못한 추가적인 예시를 발견할 수도 있으니까 말이다.

논문은 전공서와 다르게 개념을 현장에 적용한 사례, 기대효과, 제한점 등을 더 구체적으로 실어 놓았으므로 개념을 보다 실제적으로 이해하기에 좋은 자료다. 또한 기존 기출문제에서 다루지 않은 새로운 개념을 출제하는 근거가 되기도 하니 고득점을 노리고 싶다면 논문과도 친해져야 한다.

그럼 다시 본론으로 돌아와 앞에서 다룬 '구성주의적 학습 환경 설계모형(CLEs)'에 대한 보충 자료를 살펴보도록 하자. 대부분 강사 교재에는 필자가 처음 표로 제시한 핵심 요소와 고려사항에 대한 내용만 수록되어 있다. 그러나 그 내용만으로 개념을 이해하기가 쉽지 않다. 그럴 땐 아래와 같은 보충 자료를 직접 찾아봐야 한다(모든 개념에 대해 일일이 이렇게 보충 자료로 찾아봐야 하는 것은 아니다. 기출개념 중에서도 잘 이해가 되지 않는 부분만 찾으면 된다).

[보충 자료 1 - '문제/과제의 배경'에 관한]

기존 자료	• 구성주의 학습 환경의 가장 큰 특성인 문제^{problem}가 학습을 주도 • 학습자는 문제를 해결하기 위해서 관련 내용을 학습하며 이러한 과정에서 통합적으로 맥락적인 지식을 구성 • 쉽게 풀리거나 확인되지 않으며, 다양한 관점을 도출할 수 있는 문제 제시
질문	• **여기서 말하는** 문제는 **무엇**을 말하는 거지? 수학책에서 풀 수 있는 문제 같은 것을 말하는 건가?
보충 자료	<u>학생들은 학습의 적용으로서 문제를 푸는 것이 아니라 문제를 해결하기 위해 교과의 내용을 배우는 것</u>이다. 즉, CLEs는 문제 우선(problem-first)의 학습 활동을 도모하려는 것이다. CLEs는 쟁점 중심(issue-based), 사례 중심(case-based), 프로젝트 중심(project-based), 문제 중심(problem-based) 학습을 촉진하기 위한 것이다. 쟁점 중심 학습은 불확정적이고 논쟁적인 성격의 문제로부터 시작된다. 예를 들어, "복지 수혜자들도 일을 해야 하는가?" "부안 지역에 원전폐기물 처리장이 설치되어야 하는가?" 등의 문제가 제기될 수 있다. 사례 중심 학습은 법률, 의료, 사회활동 등과 관련된 사례연구를 통해서 지식과 사고 기능을 획득한다.

『교수-학습 이론의 이해』, 권낙원/김동엽 공저, 문음사, 2006, 393쪽

개념 이해의 사고 과정

💡 구성주의 학습 환경 설계에서 말하는 '문제'는 수학문제와 같은 문제를 말하는 게 아니라 우리 사회에 깊숙이 침투해 있는 실제 문제들을 말하는 거구나. 그 문제를 해결하기 위해 교과 내용을 배우도록 환경을 조성하라는 것이고! '문제'란 우리가 살면서 겪을 수 있는 진짜 현실적인 문제를 말하는 것이었어!

이 보충 자료를 접하면 첫 번째 질문에 대한 나름의 답을 내릴 수 있다. CLEs에서 말하는 '문제'란 우리가 흔히 생각하는 지식의 응용, 일반화를 꾀하기 위한 문제집 상의 '문제'가 아니라 사회에서 논쟁, 논의를 불러일으키거나 쉽게 해결하기 어려운 '문제'를 말하는 것이다. 만약 질문을 던지지 않았다면 '문제'가 무엇인지조차 생각하지도 않았을 것이고 '문제'가 무엇인지 그 의미를 정확히 몰랐기 때문에 임용 시험에서 CLEs가 출제됐을 경우 논점을 제대로 잡기가 힘들었을 것이다.

필자의 조언

교육학을 무조건 이렇게 깊게 공부하라는 것은 아니다. 다양한 전공의 수험생들에게 공통된 예시를 들기 위해 교육학으로 설명하고 있을 뿐이다. 본인의 전공은 이렇게 보충 자료를 찾아가며 깊게 공부하되 시간적 여유가 있다면 교육학도 같은 방식으로 공부하면 좋다. 시험 문제는 늘 심화·발전되어 나오기 때문에 기출 개념은 세부적인 요소들도 보충 자료를 찾아가며 정확히 알고 있어야 한다.

그럼 두 번째 보충 자료도 살펴보자.

[보충 자료 2 - '관련 사례'에 관한]

기존 자료	• 학습 과정에서 개념·원리의 직접적 암기·이해보다는 다양한 사례를 통해 지식구조를 점진적으로 확장·정교화 하도록 함 • 기억을 촉진하고 문제에 포함된 쟁점을 명확히 파악하도록 함
질문	• 관련 사례를 접하면 기억이 촉진된다고? 왜? 어떻게? • 여기서 말하는 **기억은 무엇을 의미하지**? 문제 자체에 대한 기억인 건지? 아니면 문제와 관련된 사례에 대한 기억을 말하는 건지?

학습자가 문제를 제대로 이해하고 풀기 위해서는 실제로 그것에 대해 경험을 하고, 그것에 대한 정신적 모델을 구축하는 것이 매우 중요하다. 그러나 만약 학습자가 경험이 부족하다면, **문제와 관련된 사례들을 제공해 줌으로써 학습자가 비슷한 경험**을 할 수 있도록 하여 문제에 함축된 논점을 이해하도록 도와준다. 구성주의 학습환경에서 관련된 사례의 제공은 학습자의 기억을 되살려주는 데 큰 도움을 주고 또한 학습자의 인지적 융통성을 더해 준다.

관련된 사례의 제공은 학습자가 갖지 못했던 경험의 표상을 제공해 줌으로써 기억을 도와주어 과거의 경험을 회상함으로 현재의 문제와 비교할 수 있게 한다. 학습자는 **관련된 사례를 통하여 성공했던 점과 실패했던 것들을 회상함으로써 현재의 주어진 문제에 맞도록 설명을 적용**시킨다.

『구성주의 학습 환경 설계모형 연구』, 김신자, 교과교육학연구 제5권 2호(2001) 9쪽 부분 발췌

개념 이해의 사고 과정

💡 여기서 말하는 기억은 문제나 사례 자체에 대한 기억을 말하는 게 아니구나. 문제와 관련된 사례를 제공함으로써 그와 유사했던 '학습자의 경험을 떠올려 준다.'의 의미로 파악하면 되겠어. 즉, 회상의 의미로 받아들이면 되겠군. 이게 맞을 것 같아. 갑자기 해결책을 떠올리기 어려우니까 문제와 관련될 만한 사례를 제시하면서 학습자의 관련 경험, 즉 기억을 촉진시킨다는 것이지.

CLEs에서 말하는 '기억'이란 '현재 문제와 관련된 예전 경험에 대한 기억'을 말한다. 따라서 '기억을 촉진한다.'라는 말은 '문제에 관한 사례들을 제시함으로써 학습자가 미처 생각하지 못했던 문제와 관련된 예전 경험들을 떠올리게 하는 것'임을 알 수 있다. 이 말이 쉽게 와닿지 않는 수험생도 있을 수 있으니 예를 하나 들어 보겠다.

학생들에게 "부안 지역에 원전폐기물 처리장이 설치되어야 하는가?"라는 주제로 문제를 제시했다고 가정해 보자. 학습자 중에는 원전폐기물 설

립에 대한 경험이 전혀 없을 수도 있고 너무 멀게만 느껴질 수도 있다. 이럴 때 관련 사례로 '쓰레기 소각장 설립 과정'에 대한 자료를 제시한다면 학습자는 비교적 친근한 소재의 사례를 살펴보며 본인 지역의 '쓰레기 소각장' 찬반 문제나 그와 비슷한 혐오시설(교도소, 화장터 등)을 떠올리기가 수월해진다. 이렇게 관련 사례를 제시하면 학습자의 경험을 촉진함으로써 문제해결의 실마리를 잡기가 용이해진다.

보충 자료를 활용하여 개념을 자세히 알지 못했다면 '기억을 촉진한다.'라는 말을 정확히 이해하지 못해 기계적으로 암기했을 것이고 이 개념을 조금만 깊게 냈어도 맞히기가 어려웠을 것이다. 개념은, 그중에서도 기출 개념은 정말 본질을 꿰뚫을 정도로 제대로 알고 있어야 한다. "대충 이런 의미겠지~" 하고 넘겨서는 응용력과 사고력을 요하는 고난이도 문제에서 추풍낙엽처럼 쓰러지게 된다.

출제자들은 새로운 개념으로만 시험문제를 만드는 것이 아니다. 기존에 출제된 개념을 여러 각도로 비틀기도 하고, 더 깊이 있게 내기도 하고, 다른 개념과 섞어 내기도 하면서 학습자의 기본기와 응용력, 사고력을 끊임없이 점검하려고 한다. 이런 상황에서 수험생이 어떤 문제든 대비하기 위해서 해야 할 일은? 기출 개념에 대한 탄탄한 기본기를 갖추는 일이다. 그 기본기를 갖추려면 개념에 대한 '보충 자료'를 찾아봐야 한다. 특히나 어려운 기출개념일수록 여러 보충 자료를 함께 놓고 보면서 개념을 이해할 수 있어야 한다.

- 여러 보충 자료 동시에 활용하기

보충 자료는 하나만 존재하는 것이 아니다. 앞에서도 말했지만 내가 자주 보는 전공서가 아닌 다른 전공서를 참고할 수도 있고, 논문, 인터넷 자료, 카페 자료 등 질문에 답할 수 있는 자료는 무엇이든 보충 자료가 될 수 있다. 어려운 개념일수록 여러 보충 자료를 같이 놓고 봐야 개념을 이해하기가 수월하다. 세 번째 질문(수행지원 도구란 뭘까?)에 관해서는 개념적 설명과 구체적인 예를 담은 보충 자료 2개를 준비해 봤다. 두 보충 자료를 종합하여 개념을 이해하는 과정도 살펴보자.

[보충 자료 3 - '수행지원 도구'에 관한]

기존 자료	• 학습 환경은 학습자가 주어진 문제를 원활하게 해결할 수 있도록 학습자의 **인지활동을 지원**하는 인지적 도구로서 제시 • 시각화 도구, 수행지원 도구, 정보수집 도구 등의 제공
질문	• 인지 도구란 뭘까? 수행지원 도구는 뭘까? 그 예는 뭘까?
보충 자료 1 (개념적 설명)	인지 도구는 학습자가 구성주의 학습 환경에서 상호작용하는 것을 도와주는 기능들로 시각화 도구, 정보수집도구, 수행지원 도구가 있다. 수행지원 도구는 학습자가 현재 학습과제보다 낮은 수준으로 **학습과제를 자동화하거나 대체**함으로써 얼마간의 인지활동을 덜어주는 역할을 한다. **암기해야 하는 과제들의 부담을 덜기 위해 주요** 요점을 **필기**해 놓는 곳을 마련하는 것도 수행지원 도구의 예다. 『구성주의 학습 환경 설계모형 연구』, 김신자, 교과교육학연구 제5권 2호(2001) 10~11쪽 수정 발췌
보충 자료2 (구체적 예)	CLEs는 수행에 있어서 **인지적 부담**을 덜어 **주기 위해** 알고리즘 과제들을 자동화시켜야 한다. 예를 들어 기업 문제해결 환경에서 우리는 학습자들에게 스프레드시트 양식(수치계산, 통계, 도표와 같은 작업을 효율적으로 할 수 있는 응용프로그램으로 대표적인 예로 엑셀)으로 된 문제들을 제공하여 이들이 수립한 제조, 재고, 판매 수준에 대한 가설을 검증하도록 하였다. CLEs에서 대부분의 검증 형식은 자동화되어 학습자가 간단하게 검증 결과를 불러낼 수 있도록 해야 한다. 대부분의 CLEs는 필기도구를 제공하여 기억해야 하는 부담을 경감해 준다. 『교수설계 이론과 모형』Charles M. Reigeluth 편저, 최욱 외 8인 옮김, 아카데미프레스,2010, 185쪽 수정 발췌

개념 이해 사고 과정

💡 아! 수행지원 도구란 학습자들의 인지적 부담을 덜어 줄 수 있는 도구들을 말하는구나. 그래. 우리의 단기기억은 고작 7±2 정도밖에 되지 않으니 인지적 부담을 최소화해야 돼. 연산 과제들은 자동화하면 부담이 줄어들 거야. 그래서 엑셀과 같은 스프레드시트 프로그램을 쓰는 거겠지. 필기도구를 제공하여 무언가를 적게 하는 것도 기억에 대한 부담을 줄이니 수행지원 도구에 속해. 또한 요점을 적게 만드는 것도 많은 내용을 다시 보지 않고도 핵심만 파악할 수 있게 만드니 인지적 부담을 최소화시켜. 그래서 이 또한 수행지원 도구라 볼 수 있겠구나!

지금까지 개념 이해를 위한 '정교한 방법'을 배워 봤다. 정교한 방법은 질문을 던지고 그 질문에 답할 수 있는 보충 자료를 찾는 것이다. 기출개념이고 중요한데 이해가 되지 않으면 즉각 보충 자료를 찾는 과정을 습관으로 만들자.

정말 모르면서 이해했다고 착각하며 어설프게 넘어가는 건 고득점을 향한 길에선 최악이다. 마치 사랑을 글로만 배우려는 것과 같다고 할 수 있겠다. 개념은 내가 갖고 있는 자료로만 터득되는 게 아니다. 내 자료로 부족하면 다른 자료를 찾아 나설 수 있어야 한다.

1차적으로는 내가 보고 있는 전공서 이외에 다른 전공서도 찾아가며 모르는 부분에 대한 정보를 모아 보자. 그래도 해결이 안 되면 논문을 찾아보면 된다. 가령 강사 교재로 공부하다가 a라는 개념을 잘 몰라서 내가 갖고 있는 A전공서를 찾아봤는데 그 책만으로도 부족하다 싶으면 a개념을 다루는 전공서 B도 살펴봐야 한다(대학 또는 지역도서관에서 빌리거나 구매해서라도 봐야 한다. 보는 만큼 실력이 늘어나므로 책 사는 데 돈 아끼지 말자!).

만약 전공서를 살펴봐도 해당 개념을 다루지 않거나 설명이 부족하다면 논문이나 인터넷 검색, 전공카페 자료를 뒤져 보자. 무료 논문은 '국립중앙도서관'이나 '국회도서관'을 통해 검색할 수 있다. 개념을 고찰하거나 현장에서 어떻게 활용할 수 있는지를 다룬 것이 논문이므로 전공서에서는 부족했던 설명이나 구체적인 예시를 확보하기에 좋다.

여기서 한 가지 꿀 팁을 주자면 거주지 근처 대학의 '지역주민회원 제도'를 이용해 보라는 것이다. 대학 도서관에서 전공서도 무료로 빌릴 수 있고, 돈을 주고 봐야 하는 유료 논문들도 집에서 얼마든지 무료로 검색하여 볼 수도 있다.

〈국립중앙도서관 논문 검색〉

사진 출처: http://www.nl.go.kr/nl/

〈대학 도서관의 지역주민회원제의 예: 전북대학교〉

사진 출처: http://dl.jbnu.ac.kr/local/html/membership(부분 캡처)

3) 단어 쪼개기

개념을 이해하지 못하는 이유는 앞에서 본 것처럼 배경지식이 부족해서 인데, 이를 미시적으로 더 뜯어보면 개념을 설명하고 있는 '단어'의 의미를 정확히 몰라서라고 말할 수도 있다.

본인들은 한국에서 태어나 자랐기에 모국어 실력이 출중하다고 자부할 지 모르겠지만 그 영역을 일상적인 대화가 아닌 단어의 '정확한 의미'에 한 정시켜 본다면 상황은 달라진다. 의외로 많은 수험생들이 개념을 구성하 는 핵심 어휘의 의미를 정확히 몰라 개념을 제대로 이해하지 못하는 경우 가 많기 때문이다.

에이. 그래도 그렇지. 외국인도 아니고 한국 사람인데 날 너무 과소평가 하는 거 아니야? 하고 반문할 수 있으니 간단한 퀴즈 하나를 내보겠다. 아 래의 용언이 무슨 의미인지 생각해 보고 사전적인 의미를 이 책의 여백에 간단히 적어 보자.

정교하다.

저자로서 독자들이 이 단어의 의미를 어떻게 풀이했는지 궁금하다. 나는 이렇게 풀이했었다. "심혈을 기울여 잘 만들다." 책을 쓴다는 사람이 고작 이 정도라니. 부끄럽지만 이게 내 현실이다. 그럼 여러분이 풀이한 '정교하다'는 과연 국어사전과 비교했을 때 얼마나 일치하는지 확인해 보자.

정교-하다
(형용사)

1. 솜씨나 기술 따위가 정밀하고 교묘하다.
정교하게 그리다.
정교하게 만들다.
보석을 정교하게 가공하다.

2. 내용이나 구성 따위가 정확하고 치밀하다.
생각이 정교하다.
문장을 정교하게 다듬다.
인간의 신체는 복잡하고 정교한 구조로 되어 있다.

출처: 표준국어대사전

본인이 처음 풀이한 뜻과 국어사전에서 풀이한 뜻이 얼마나 비슷한지 비교해 보라. 대체로 비슷했는가? 아니면 나처럼 에둘러 표현했다가 원뜻을 보고 "아 ~ 이게 이렇게까지 구체적인 의미가 있었구나." 하고 잠시나마 깨달음을 느꼈는가?

필자의 풀이(심혈을 기울여 잘 만들다)는 1번 뜻과 비슷할 순 있겠지만 '솜씨' '기술' '정밀' '교묘하다'라는 단어를 사용하지 못했다는 점에서 정확하지 못했고, 사물의 외형적인 접근에서만 풀이한 나머지 사전의 2번 뜻(내용이나 구성에 있어 정확하고 치밀하다)은 미처 생각하지도 못했다.

이렇듯 우리가 잘 알고 있다고 생각하는 단어들도 구체적으로 풀이해 보라고 하면 정확하지 않을 때도 있고 그 단어가 갖는 다른 뜻을 놓치는 경우도 있다. 따라서 전공 공부를 할 때는 어떤 단어가 핵심 키워드라 여겨진다면 그 의미를 제대로 알고 있는지 국어사전, 지식백과 등을 통해 검색해 보고 내가 생각한 그 의미가 맞는지, 놓친 의미는 없는지 확인해 봐야 한다. 핵심 키워드 하나하나의 의미를 제대로 알고 있어야 개념을 이해할 확률이 높아진다.

그럼 왜 '정교하다'라는 용어를 문제로 냈을까? 이번 편을 주의 깊게 읽었던 독자라면 앞에서 다뤘던 '구성주의 학습설계(CLEs)'의 네 번째 질문, 즉 '정보자원'과 관련이 있음을 눈치챘을 것이다.

[보충 자료 4 - '정보자원'에 관한]

기존 자료	• 학습자가 문제를 해결하는 데 필요한 충분한 정보를 제공하는 학습 환경 조성 • 학습자는 정보를 활용하여 문제해결을 위한 가설을 세우고, 가설을 검증하는 동시에 자신들의 지식구조를 정교화
질문	① **정보를 제공하는 학습 환경**의 **예**로 무엇이 있을까? ② 가설을 검증하는 동시에 **지식구조**를 **정교화** 한다는 말은 무슨 의미일까?
보충 자료	문제를 탐색하기 위해 학습자들은 정보를 필요로 한다. 풍부한 정보원은 구성주의 학습에 필수적이다. 구성주의 학습에서는 학습자들에게 필요로 하는 정보를 실시간으로 제공해야 한다. 학생들은 텍스트 문서, 그래픽, 음성자료, 비디오, 애니메이션 형태의 정보들을 활용할 수 있다. 인터넷의 웹자료는 유용하게 활용할 수 있는 정보원이지만, 그 정보의 질과 적절성은 신중하게 평가해야 한다.

『교수-학습 이론의 이해』, 권낙원/김동엽 공저, 문음사, 395쪽, 2006, 수정 발췌

보충 자료를 보면 ① 정보를 제공하는 학습 환경의 예로 텍스트 문서, 그래픽, 음성자료, 비디오, 애니메이션 및 웹자료 등이 해당될 수 있음을

알 수 있다. 하지만 ② 지식구조를 '정교화'한다는 말이 정확히 어떤 의미인지에 대한 단서를 얻을 수는 없다. 이럴 땐 모르는 단어를 국어사전 및 백과사전을 통해 그 의미를 분명히 파악해야 하며, 실생활과 관련된 여러 예시들을 대입해 보며 문장 전체를 이해할 수 있어야 한다. 그래야 개념이 잡힌다.

아래의 사고 과정 박스를 보면서 필자는 사전검색을 활용해 어떻게 질문을 해결했는지 살펴보기 바란다.

개념 이해의 사고 과정

보충자료를 보니 정보자원은 문제를 해결하기 위해 사용될 수 있는 텍스트 문서부터 애니메이션, 웹자료 등을 말하는 거였군. 그럼 정보자원은 왜 '문제 해결을 위해 가설을 세우고, 가설을 검증하는 동시에 지식구조를 정교화'할 수 있다는 걸까? 이해가 안 되니 핵심 단어인 '정교하다'의 의미부터 검색해 보자. '정교하다'란 내용이나 구성 따위를 정확하고 치밀하게 한다는 뜻이구나. 그래! 어떤 문제를 해결하기 위해 가설을 세우려면 문서, 그래픽, 비디오, 웹자료 등의 정보자원을 활용해 자료를 수집해야지. 이렇게 모은 자료로 가설을 수립하고 검증할 때 관련 지식들이 머릿속에 정확하고 치밀하게 구성될 거야. 그래서 정보자원은 '지식구조를 정교화'한다는 거구나.

한 가지 개념을 더 다뤄 보자. 앞에서 다룬 CLEs의 '관련사례'에 대한 기존 자료와 보충 자료 및 국어사전 검색 결과를 정리해 보았다. 이 자료를 갖고 질문(다양한 사례를 통해 지식구조를 정교화)을 해결할 수 있는지 생각해 보자.

기존 자료 ↓	• 학습 과정에서 개념·원리의 직접적 암기·이해보다는 다양한 사례를 통해 지식구조를 점진적으로 확장·정교화하도록 함
질문 ↓	• 다양한 사례를 접하면 지식구조를 점진적으로 정교화할 수 있다고? 무슨 말이지? 그리고 어떻게 가능한 거지?
보충 자료 ↓	• 관련된 사례의 제공은 학습자가 갖지 못했던 경험의 표상을 제공해 줌으로써 기억을 도와주어 과거의 경험을 회상함으로 현재의 문제와 비교할 수 있게 한다.
국어사전 검색	정교하다 2. 내용이나 구성 따위가 정확하고 치밀하다.

개념 이해의 사고 과정

관련된 사례를 제공한다는 것은 지금 풀어야 할 문제와 유사한 학습자의 경험을 불러일으켜 주는 것이라 했어. 가령 현재 문제가 자신들이 거주하는 지역에 원전폐기물 처리장 설치를 불허하는 것이라면 현재 문제와 유사하면서도 학습자가 경험했을 만한 쓰레기 소각장 설립 반대에 대한 내용을 제공하는 것이지.

이렇게 사례를 제공하여 학습자에게 유사한 경험을 불러일으키면 문제해결에 관한 지식이 늘어날 거야. 그리고 사례가 다양할수록 현재 직면한 문제를 해결할 지식들이 정확하고 치밀해질 거야. 아! 이래서 '관련사례'는 지식구조를 정교화할 수 있다는 거구나!

사전 찾기는 사소한 행위처럼 보일 수 있지만 개념을 이해하는 데 결정적 역할을 하기도 한다. 핵심 단어는 문장을 이해하고 개념을 깨치는 데 중추적인 역할을 한다. 대~충 이런 의미일 거야 하고 넘겨짚으면 개념을 끝끝내 정확히 이해할 기회를 놓칠 수도 있다. 그러니 늘 사전을 친구처럼 끼고 살면서 어휘력도, 표현력도, 개념 이해도 높일 겸 검색을 수시로 하자 (스마트폰보다는 촌스러워 보여도 예전에 사용했던 전자사전을 활용하는 게 집중과 시간 관리 면에서 낫다).

개념 이해	1. 개념 앓이	• 개념은 구체적 현상에 대한 추상적 결과물 • 개념 이해 = 사고(思考)과정
	2. 개념 이해 기본 방법	• 간단한 방법 　- 체크해 놓고 넘기기 • 정교한 방법 　- 질문 → 보충자료 → 이해
	3. 단어 쪼개기	• 핵심 단어의 의미를 분명히 파악하여 개념 이해 돕기

개념 구별

끈기 있는 자는 다른 사람들이 실패한 지점에서
성공의 열매를 거두기 시작한다.

- 에드워드 에글스턴 -

개념
구별

1. 당신은 전문가인가?

- 전문가란?
  - 개념을 이해, 변별, 적용, 응용, 융합할 수 있는 사람

- 이해의 단계
  - NO 이해 → 최초 이해 → 안정적 이해

2. 개념 구별의 기본 방법

- 미세한 차이 감지하기

- 보충자료로 정확한 차이 밝히기

- 차이점을 언어적, 시각적으로 표현해보기

3. 개념 구별 실전 연습

- 보충자료를 활용한 개념 이해
  - 기존 + 보충자료로 각 개념을 정확히 이해한 후 구별하기

- 요점으로 구별하기
  - 요점 만들기
  - 구별하기

- 힌트 만들기
  - 개념의 명칭과 요점 연결

1) 당신은 전문가인가?

　당신은 전문가가 되고 싶은가? 아니면 만년 학습자로 남고 싶은가? 전문가와 비전문가를 가르는 중요한 차이는 '디테일'에 숨어 있다.

　'소믈리에(Sommelier)'라는 직업에 대해 한 번쯤은 들어 봤을 것이다. 고객의 입맛과 식사에 적합한 와인을 추천해 주는 소믈리에가 되려면 포도의 품종, 숙성 방법, 원산지, 수확 연도 등 와인에 대한 풍부한 지식뿐만 아니라 각 와인의 미세한 차이를 후각과 미각만으로 감별해 낼 수 있는 능력이 요구된다. 그리고 우리는 그런 능력을 갖춘 자를 전문가로 인정한다.

　그렇다면 당신은 어떤가? 스스로를 전문가라고 생각하는가? 다른 건 다 몰라도 기출개념은 꽉 잡고 있는가? 얼핏 보면 비슷해 보일 수도 있는 개념들을 명확히 구분할 수 있는가? 그 차이를 명확하게 언어로 표현할 수 있는가? 만약 그렇지 못하다면 우리는 아직 전문가가 아니다. 학습자에 머물러 있는 것이다.

　임용 출제진들은 '전문가'를 원한다. 비슷해 보이는 개념들의 차이를 구별할 수 있는 사람, 개념을 문제 상황에 맞게 적용할 수 있는 사람, 개념을 응용할 수 있는 사람, 서로 다른 과목의 개념을 조합하여 문제를 해결할 수 있는 사람, 즉 전문가를 원한다. 하지만 이를 간파하지 못한 수험생들은 그냥 우직하게 '공부만' 한다. 그저 개념을 '최초 이해'한 것에만 만족한다. 최초 이해란 개념을 아예 몰랐던 상태에서 처음으로 이해했지만 개념을 변별, 응용, 적용, 융합하기에는 부족한 상태를 말한다. 다음 그림을 보자. 이해의 단계를 간단하게 구분해 봤다.

〈 이해의 단계 〉

공부 초보는 1단계의 'NO 이해' 상태에서 2단계인 '최초 이해' 상태에 돌입하면 개념을 완전히 다 이해했다고 착각한다. 이해했으므로 암기만 하면 문제는 저절로 풀리는 줄 안다. 하지만 고수는 안다. 개념을 최초 이해한 수준으로는 단순 문제는 풀어도 사고력과 응용력을 요구하는 고난이도 문제에서는 맥을 못 춘다는 것을. 그래서 회독 수를 늘려 나가며 최초 이해한 개념을 비슷한 개념과 비교해 보고, 그 차이점을 명확히 짚어 보고, 관련 개념끼리 연결해 보고, 자신의 현재 및 미래 생활에 적용 및 응용해 보며 '안정적 이해'에 다다를 수 있도록 공부한다. 이게 초보와 고수의 차이다.

그러니 임용 공부를 시작하여 '전문가'가 되기로 마음먹었다면 최초 이해로 만족하지 말고 개념을 구별도 해 보고, 연결도 해 보고, 적용, 응용을 해

가며 '안정적 이해'에 도달할 수 있도록 해 보자. 1회독 때는 개념과 친해진다는 느낌으로 '최초 이해'만 신경 써도 좋다. 가뜩이나 시간도 없는데 개념 구별까지 하려고 하면 머리만 복잡해진다. 2~3회독 때부터 서서히 개념 구별, 개념 연결, 개념 적용 연습을 하면 된다.

2) 개념 구별의 기본 방법

　우리 주변에서 흔히 볼 수 있는 두 차량을 준비해 봤다. 모두 현대자동차의 2016-2017년형 SUV 차인데 어느 차가 '싼타페'고 '투싼'인지 구별해 보자.

사진 출처: Wikimedia Commons

　요즘 차량들은 패밀리룩을 적용해 디자인을 비슷하게 제작하는 것이 트렌드다. 차에 늘 관심을 갖는 사람이라면 사진만 봐도 모델명을 바로 말할 수 있겠지만 보통의 사람이라면 어느 차가 투싼이고 싼타페인지 선뜻 구분하기가 쉽지 않을 것이다. 실제로 보면 이 차는 더더욱 비슷해 보인다. 나도 이 차들을 처음 봤을 때 둘 다 똑같은 모델인 줄 알았다. 정답은 왼쪽 모델이 싼타페, 오른쪽 모델이 투싼이다.

그렇다면 3주 후에 길을 걷다 우연히 두 모델 중 하나를 봤다고 가정해 보자. 이때 당신은 헷갈리지 않고 모델명을 정확히 맞힐 수 있을까? 차에 관심이 없는 사람이었다면 이 질문을 받고 약간은 머뭇거렸을 것이다. 필자가 모델명은 알려 줬더라도 스스로 두 모델을 상세히 비교하며 미세한 차이를 밝힐 시간은 갖지 못했기 때문이다. 서로 비슷해 보일수록 어떤 점에서 차이가 나는지 꼼꼼히 살펴봐야 한다. 만약 그러지 못했다면? 시간이 갈수록 점점 흐려지는 인간의 기억력을 고려해 봤을 때 두 모델을 구분하기가 어려울 것이다.

그럼 개념 구별에 있어서 위의 두 차가 우리에게 주는 시사점은 무엇일까? **첫째, 시간이 좀 들더라도 미세한 차이가 어디서 발생하는지 <u>면밀히 살펴봐야 한다는 것</u>!** 사실 두 차는 비슷해 보이지만 자세히 살펴보면 헤드라이트(차의 눈), 휠(바퀴) 모양이 다르다. 마찬가지로 비슷한 개념일지라도 자세히 살펴보면 그 차이점이 하나둘씩 보이기 시작한다.

둘째, **보충 자료를 활용하여 '<u>또 다른 차이</u>'도 찾아보라는 것!** 기존 정보로 두 개념을 변별하기 힘들다면 보충 자료도 찾아봐야 한다. 아래 두 사진을 보자. 싼타페와 투싼의 뒷모습이다.

사진 출처: Wikimedia Commons

뒷모습까지 보니 더 확실하게 변별이 된다. 번호판의 위치, 후면 램프의 모양, 트렁크 도어 라인 등이 다르다는 점을 알 수 있다. 이렇게 보충 자료를 찾아 확실하게 변별해 놓으면 나중에 두 차를 보더라도 헷갈리지 않고 구분할 가능성이 높다.

셋째, **두 개념의 차이점을 <u>표현해 볼 것</u>!** 눈을 감고 비슷한 두 개념의 차이점이 무엇인지 말로든 글로든 그림으로든 본인에게 맞는 방법으로 표현해 보자. 눈으로만 보고 넘기는 것보다 표현을 할수록 그 차이점은 머릿속에 오랫동안 남는다. 가령 앞에서 봤던 두 차량의 디자인 차이를 말로 표현해 보면 "투싼은 헤드램프가 더 가늘고 끝 처리가 부드러워. 휠 모양도 바람개비 모양에 가깝지. 뒷모습을 보면 번호판은 싼타페보다 아래에 있어." 라고 말할 수 있겠다. 개념도 이렇게 차이점을 표현해 보자.

지금까지 말한 내용을 요약하면 다음과 같다. 개념 구별을 하려면

첫째, 개념의 세세한 부분까지 면밀히 비교하라는 것!
둘째, 차이가 안 보이면 보충 자료를 활용해서라도 구별하라는 것!
셋째, 어설프더라도 두 개념의 차이를 표현해 보라는 것!

이 세 가지를 명심하며 실전 연습에 들어가 보자.

3) 개념 구별 실전 연습

우리가 공부하는 교육학 개념 중에서도 혼동될만한 것으로 무엇이 있을까? 개인적으로 필자는 아래의 개념들이 헷갈렸었다.

교육학에서 오수벨(D. Ausubel) 이론을 공부하면 나오는 개념들인데 이해를 했고 암기를 했어도 한 달만 지나도 이게 저거 같고, 저게 이거 같기만 했었다. 도대체 왜 그랬던 걸까? 몇 가지 이유를 추려 봤다.

첫째, 한정된 정보만을 갖고 개념을 이해하려고 해서
둘째, 키워드의 의미도 모른 채 암기만 해서
셋째, 개념들을 제대로 구별하지 못해서

결국 요약하자면 한정된 정보만 갖고 키워드의 의미도 모른 채 암기를 해서 결국 각 개념들을 제대로 구별하지 못했다는 말이다. '이해'가 첫 단추인데 그 첫 단추를 꿰지 못했으니 구별이 될 리가 없다. 따라서 개념을 구별하려면 (1) 보충 자료를 활용해 각 개념을 정확히 이해해야 한다. 구별을 하려면 각 개념부터 정확히 알고 있어야 하니까. 그리고 (2) 두 개념을 요점으로 정리하여 명확한 변별점을 찾아야 한다. 마지막으로 (3) 힌트를 만들어서 나중에도 변별을 쉽게 할 수 있어야 한다. 이 방법들을 자세히 배워 보자.

(1) 보충 자료를 활용한 개념 이해

우선 3가지 개념 중 상위적 포섭부터 다뤄 보자.

[기존 자료]

개념	의미	예시
상위적 포섭	이미 가진 아이디어를 종합하면서 새롭고 포괄적인 명제나 개념을 학습하는 것	지중해성 과일의 종류와 특징을 배운 후, 이 둘을 종합하여 지중해성 과일에 대한 종합적인 개념을 형성하는 것

상위적 포섭에 대한 일반적인 내용이다. 설명도 어려운데 예시를 읽어도 감이 잡히지 않는다. 이럴 땐 보충 자료를 구해 더 많은 설명과 예를 확보해야 한다.

[보충 자료]

상위의 포섭은 인지구조에 있는 기존의 개념과 명제들을 포섭할 수 있는 더 포괄적이고 일반적인 개념을 학습하는 경우에 해당된다. **하위의 개념이 상위의 개념을 역으로 포섭**하는 현상으로, 돌고래, 사람, 물소, 고양이의 개념을 이미 알고 있는 상태에서 "새끼에게 젖을 먹이는 모든 동물들을 포유류로 개념화할 수 있다."라는 것을 학습하는 것이 그 예이다. 이 경우에 돌고래, 사람, 물소, 고양이라는 하위개념이 상위개념을 역으로 포섭하게 된다.

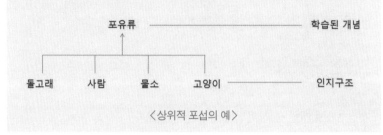

〈상위적 포섭의 예〉

『교수-학습 이론의 이해』, 권낙원/김동엽 공저, 문음사, 2006, 252쪽

기존 자료로는 이해가 어려웠지만 보충 자료를 보는 순간(특히 도식) 개념이 어떤 의미인지 알 것 같다. 돌고래, 사람, 물소, 고양이와 같은 하위개념을 통해 '포유류'라는 상위개념을 학습하는 것이 바로 상위적 포섭인 것이다. 보충 자료로 개념의 예를 분명하게 이해하니 처음 접했던 기존 자료도 무슨 말인지 확 와닿는다.

[보충 자료로 기존 자료 이해]

[기존 자료]		[보충 자료]
▷ 이미 가진 아이디어	=	▷ 하위개념(돌고래, 사람, 물소, 고양이)
▶ 새롭고 포괄적인 명제나 개념	=	▶ 상위개념(포유류)

이번엔 종속적 포섭의 하위개념인 파생적 포섭과 상관적 포섭을 다뤄 보자. 파생적 포섭은 방금 전 공부한 상위적 포섭과는 반대의 방향으로 포섭이 이루어진다는 점에 주목하면 된다.

[기존 자료]

개념		의미	예시
종속적 포섭	파생적 포섭	앞서 학습한 명제나 개념에 대해 구체적 예를 들어 주면서 새로운 예나 사례를 포섭·학습하는 것	지중해성 과일의 종류를 배우고 난 후, 과일의 예를 학습하는 것
	상관적 포섭	(뒤에서 다룸)	

이번에도 역시 설명과 예시 모두 어렵다. 이런 경우에도 마찬가지로 보충 자료를 통해 개념을 이해하면 된다. 보충 자료를 살펴보자.

[보충 자료 1]

삼각형의 내각의 합이 180°라는 것을 학습한 학생이 **이등변삼각형의 내각의 합도 180°**라는 것을 학습하는 것이다.

『김인식 교육학 논술개념잡기 (하)』, 김인식, 박문각에듀스파, 2013, 500쪽

[보충 자료 2]

파생적 포섭은 학습과제가 관련 선행개념의 한 실례가 되거나 선행개념을 예증하는 하위적 학습을 말한다. 파생적 포섭에서는 선행개념의 정의 또는 준거속성이 변하지 않는다. 무·파·배추 등 뿌리·줄기·잎을 채소로 알았던 학생이 **줄기를 먹는 감자도 채소로** 아는 과정이 파생적 포섭의 한 예이다.

『과학교육론』, 조희형 외 3인 공저, 교육과학사, 2014, 176쪽

삼각형의 내각의 합이 180°임을 알았다면(선행개념) 새롭게 배우는 직각삼각형이나 이등변삼각형도(하위 사례) 180°임을 아는 것이 파생적 포섭이다. 마찬가지로 뿌리·줄기·잎을 먹는 식물을 '채소'로 알고 있었던 (선행개념) 상태에서 줄기를 먹는 감자(하위 사례)도 채소의 한 종류임을 아는 것이 파생적 포섭이다.

기존 자료에서 '지중해성 과일의 종류'라고 하니 무슨 말인지 감이 잡히지 않았지만 우리에게 친숙한 채소와 감자, 삼각형과 이등변삼각형으로 설명해 주니 이해가 쉽다.

[기존 자료]	[보충 자료1]
▷ 앞서 학습한 명제나 개념	▷ 삼각형의 내각의 합은 180°라는 명제 ▶ 이등변삼각형도 삼각형이므로 180°임을 알게 된 것
	[보충 자료 2]
▶ 새로운 예나 사례	▷ 선행개념 (뿌리·줄기·잎을 먹는 식물을 채소로 알고 있음) ▶ 선행개념의 한 예 (줄기를 먹는 감자도 채소에 속함을 알게 된 것)

마지막으로 상관적 포섭도 다뤄 보자. 필자는 수험시절 이 개념이 제일 어렵게 느껴졌는데 내가 난독증에 걸렸나 싶을 정도로 기존 자료의 설명이나 예를 아무리 읽어도 그 의미를 파악할 수가 없었다.

개념		의미	예시
종속적 포섭	파생적 포섭	(앞에서 다룸)	
	상관적 포섭	새로운 아이디어의 포섭을 통해 이전의 학습개념이나 명제를 수정, 확대, 정교화하는 것	지중해성 과일의 종류를 배우고 난 후, 지중해성 과일의 특징을 배우는 것

이렇게 기존 자료로 이해가 안 된다면 보충 자료를 찾아봐야 한다.

[보충 자료]

상관적 포섭은 학습되는 개념이 더 포괄적인 선행개념에 통합되어 포섭자 (subsumer)로 불리는 선행개념의 정의 또는 준거속성이 확장·정교화·수정되는 유의미학습을 가리킨다(Ausubel, 2000). 먹는 뿌리·줄기·잎을 채소로 알고 있었던 학생이 열매를 먹는 오이와 토마토도 채소의 한 종류로 인식한 과정이 상관적 포섭의 한 예이다.

『과학교육론』, 조희형 외 3인 공저, 교육과학사, 2014, 176쪽

보충 자료를 읽으니 상관적 포섭이 무엇인지 감이 잡힌다. 우리에게 친근한 오이와 토마토를 예로 드니 기존 자료에서 예로 든 '지중해성 과일'보다 알아듣기가 쉽다. 잠깐 어릴 적 추억을 떠올려 보자. 어릴 때는 토마토를 과일로 알고 먹었을 것이다. 하지만 토마토가 과일이 아니라 채소의 한 종류임을 알고 인지적 충격을 받았던 그 기분을 떠올려 보자. 우리는 이미 이때부터 묵시적으로 '상관적 포섭'이 무엇인지 알았던 것이다. 채소란 초록색 풀떼기 같은 작물만 말하는 게 아니라 새콤달콤한 빨간 토마토 같은 열매도 포함될 수 있다는 것을. 이 과정에서 우리는 자연스럽게 채소라는 선행개념의 속성을 확장시켰던 것이다.

이렇듯 처음에는 몰랐어도 보충 자료를 확보하면 개념을 이해할 가능성이 높아지고, 기존 자료의 의미도 파악하기 쉬워진다.

[보충 자료를 통한 기존 자료 이해]

[기존 자료]		[보충 자료]
▷ 이전의 학습개념이나 명제	=	▷ 선행개념(채소)
▶ 새로운 아이디어의 포섭	=	▶ 학습되는 개념(토마토)
◇ 이전의 학습개념이나 명제를 수정, 확대, 정교화	=	◇ 열매를 먹는 토마토도 '채소'라는 사실을 받아들임으로써 기존의 채소 도식 (뿌리·줄기·잎을 먹는 식물만 채소인줄 알았던)이 확대됨.

비슷한 개념들을 구별하려면 각 개념을 정확히 알고 있어야 한다. 기존 자료로 부족하다면 보충 자료를 구해서라도 각각의 개념을 분명히 이해하고 있어야 한다. 그럼 다음 단계로 넘어가 보자.

(2) 요점으로 구별하기

- 요점 만들기

'요점'은 개념을 최소한의 필수 키워드로 간결하게 정리한 것이다. 이때 필수 키워드는 '개념을 언어로 표현함에 있어서 없어서는 안 될 핵심적인 단어'라 생각하면 된다. 그렇다면 개념을 구별하는 데 요점 정리는 왜 필요한 걸까?

복잡하고 추상적인 개념일수록 각 개념마다 '요점'을 만들어야 한다. 그래야 개념을 구별하기가 쉽다. 불필요한 단어를 걷어내고 개념을 구성하는 최소한의 단어로 만든 '요점'으로 비교하면 차이점이 전보다 더 눈에 띈다.

요점을 만들 때는 어설프더라도 우선 자기 말로 정리해 봐야 한다. 자기 말로 정리해 봐야 개념을 이해했는지도 확인할 수 있고, 개념을 적절한 단어로 표현할 수 있는지도 확인할 수 있다. 만약 무엇인지는 알고 있는데 적절한 단어가 생각나지 않아 그와 비슷한 단어들로 요점을 정리했다면 나중에 책을 보면서 적절한 단어로 고치면 된다. 이런 과정을 겪어야 표현력과 어휘력이 좋아져서 나중에 인출 및 답안 작성 연습을 할 때 유리해진다.

요점이 필요한 이유에 대해선 충분히 말했으니 그럼 앞에서 다뤘던 3가지 개념(상위적, 파생적, 상관적)을 자기 말로 표현해 보자. 기존 자료와 보충 자료로 이해한 내용을 적으면 된다. 서툴러도 좋으니 생각나는 대로 요점을 적어 보자. 나중에 할 생각 말고 지금 하자. 지금 안 하면 끝까지 안 한다(벅차면 셋 중에 하나만이라도 우선 해 보자).

• 상위적 포섭: ?

• 파생적 포섭: ?

• 상관적 포섭: ?

자기 말로 요점을 정리해 봤다면 아래의 기존+보충 자료를 참고하며 내

가 정리한 표현이 괜찮은지, 어떤 핵심어를 놓쳤는지, 어떤 불필요한 단어를 빼거나 대체하면 좋을지 고민해 보자. 그리고 다시 요점을 정리하면 된다.

	기존 자료	보충 자료
상위적 포섭	이미 가진 아이디어를 종합하면서 새롭고 포괄적인 명제나 개념을 학습하는 것	기존의 개념과 명제들을 포섭할 수 있는 더 포괄적이고 일반적인 개념을 학습하는 경우에 해당된다. 하위의 개념이 상위의 개념을 역으로 포섭하는 현상이다.
파생적 포섭	앞서 학습한 명제나 개념에 대해 구체적 예를 들어 주면서 새로운 예나 사례를 포섭·학습하는 것	파생적 포섭은 학습과제가 관련 선행개념의 한 실례가 되거나 선행개념을 예증하는 하위적 학습을 말한다.
상관적 포섭	새로운 아이디어의 포섭을 통해 이전의 학습개념이나 명제를 수정, 확대, 정교화하는 것	상관적 포섭은 학습되는 개념이 더 포괄적인 선행개념에 통합되어 포섭자(subsumer)로 불리는 선행개념의 정의 또는 준거속성이 확장·정교화·수정되는 유의미학습을 가리킨다.

필자는 우선 각 개념을 책을 보지 않고 요점 정리를 했다. 그리고 책을 다시 보면서 핵심 단어가 빠졌으면 넣어 주고 불필요한 단어는 삭제하거나 더 적절한 단어로 바꿔 가며 내용을 다듬었다.

요점을 다듬을 때는 같은 의미더라도 기존 자료나 보충 자료에서 내 입에 착 달라붙는 용어를 우선적으로 활용했다. 가령 상위적 포섭을 보면 기존 자료에서는 '이미 가진 아이디어'라고 했지만 보충 자료에서는 '기존 개념과 명제'라고 했다면 필자는 '기존 개념과 명제'가 더 마음에 들어 이 단어로 요점을 정리했다.

또한 의미가 크게 달라지지 않는다면 몇몇 단어는 '기존 개념과 명제→

기존 개념'처럼 간소화했으며, 기존 및 보충 자료와 비교했을 때 내가 정리한 표현에서 더 간결하고 적절한 단어가 있다면 그 단어는 그대로 사용하기도 했다.

[필자의 최초 요약]

- 상위적 포섭=이미 알고 있는 지식을 바탕으로 그 지식들을 포괄하는 상위적인 개념을 학습
- 파생적 포섭=상위개념으로 하위개념을 포섭
- 상관적 포섭=개념의 준거를 바꿔 새로운 예를 포섭

[기존+보충 자료를 보며 다듬은 요약]

- 상위적 포섭=기존 개념을 종합하여 상위개념을 학습
- 파생적 포섭=기존 개념으로 새로운 과제나 예를 포섭
- 상관적 포섭=새로운 개념을 포섭하여 기존 개념의 정의나 준거를 수정·확대·정교화

- 구별하기

요점을 추렸다면 개념끼리 비교하여 그 차이점을 언어나 시각적으로 표현하면 된다. 말이나 글로 풀어도 좋고 표, 그래프, 도식, 그림 등으로 표현해 봐도 좋다. 본인에게 편한 방법을 쓰면 된다. 필자는 상위적, 파생적, 상관적 포섭의 차이점을 언어와 그림 두 가지로 나타내 봤다.

[차이점 유도 질문]

Q. 상위적 포섭 vs 종속적 포섭(파생적, 상관적 포섭) 차이는?
Q. 상위적 포섭 vs 파생적 포섭 차이는?
Q. 파생적 포섭 vs 상관적 포섭 차이는?

① 언어로 표현했을 때 예시

Q. 상위적 포섭 vs 종속적 포섭(파생적, 상관적 포섭) 차이는?

→ **상위적 포섭은 포섭의 방향이 아래에서 위로** 향하지만, **파생적 포섭은 위에서 아래로** 이루어져. 상관적 포섭은 포섭 과정에서 기존 개념의 준거나 속성이 변경되니까 포섭 방향이 **양방향**이야.

Q. 상위적 포섭 vs 파생적 포섭의 차이는?

→ **상위적 포섭은 기존 개념을 종합하여 상위개념을 학습**하는 형태를 말하고, **파생적 포섭은 기존 개념에 새로운 과제나 예를 포섭**하는 형태를 말해.

Q. 파생적 포섭 vs 상관적 포섭 차이는?

→ 파생적 포섭은 기존 개념에 새로운 과제나 예를 **무리 없이 포섭**하는 형태로 피아제의 '동화'와 비슷해. 반면 상관적 포섭은 새로운 과제나 예로 인해 **기존 개념의 정의나 준거가 수정, 확장, 정교화**하는 것을 말하며 피아제의 '조절'과 비슷하지.

---

② 심상으로 표현했을 때 예시

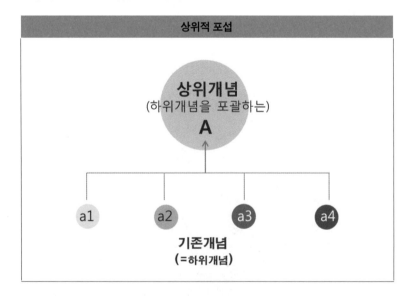

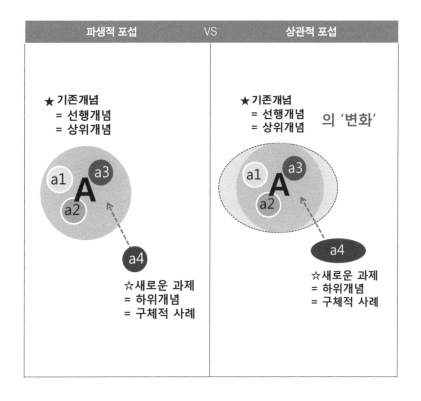

| 파생적 포섭 | VS | 상관적 포섭 |

★ 기존개념
= 선행개념
= 상위개념

★ 기존개념
= 선행개념
= 상위개념

의 '변화'

a1 a3
A
a2

a1 a3
A
a2

a4

a4

☆새로운 과제
= 하위개념
= 구체적 사례

☆새로운 과제
= 하위개념
= 구체적 사례

(3) 힌트 만들기

앞에서와 같이 개념을 이해하고 요점을 정리하여 차이점을 만들었어도 그 개념을 주기적으로 보지 않으면 서서히 그 차이점들이 흐려지기 시작한다. 상위적 포섭과 상관적 포섭처럼 명칭이 비슷할수록 더 헷갈리기 쉽다.

공부 고수는 이런 현상을 많이 겪어 봤기에 나중에 헷갈리지 않기 위해 '힌트'를 만든다. 힌트는 개념의 '명칭'과 '요점'을 엮는 방법인데 상위적 포섭에 대해 힌트를 만든다면 다음과 같이 만들 수 있다.

먼저 명칭을 뜯어볼까? 상위적 포섭에서 '상위적'은 '위로 향한다.'를 의미하지. 그리고 상위적 포섭의 요점은 '기존 개념을 종합하여 더 상위개념을 학습한다.'야. 그럼 이 둘을 이렇게 엮어 보자.

"상위적 포섭은 위로 향하는 포섭과정을 말하는데, 기존 개념을 종합하여 상위개념으로 가는 과정이기 때문에 '상위적 포섭'이다.

마찬가지로 상관적 포섭도 힌트를 만들어 보자. 우선 개념의 명칭부터 제대로 파악해야 한다. '상관'은 한자로 相關(서로 상, 관계할 관)이며, 국어사전에서는 '서로 관련을 가짐. 또는 그런 관계'라고 풀이하고 있다. 명칭만 보면 '상위적 포섭'과 비슷해 보이지만 뜻을 풀이해 보면 전혀 다른 의미를 가진다는 것을 알 수 있다. 상위는 위로 향하지만, 상관은 서로 영향을 주는 수평적 관계를 의미한다.

상관적 포섭에 대해서는 다음과 같은 힌트를 만들 수 있다.

[상관적 포섭에 대한 힌트 생성 과정]

상관적 포섭에서 '상관'은 '서로 관련을 가진다.'라는 뜻이야. 상관적 포섭의 요점은 '새로운 과제나 예를 포섭하면서 기존 개념의 정의나 준거를 수정·확대·정교화'하는 것이고. 그럼 이 둘을 이렇게 연결해 보자.
상관적 포섭은 기존 포섭 과정과 달라. 상위적 포섭이나 파생적 포섭은 포섭과정에서 포섭흐름이 일방향(one-way)을 띄어. 하지만 상관적 포섭은 쌍방향(interact)이야. 새로운 과제나 학습으로 인해 기존 개념의 정의나 준거까지 변화되고 그로 인해 앞으로 새로운 하위 개념을 받아들일 수 있지. 다시 말해 기존 개념과 새로운 과제가 서로 영향을 주고받기 때문에 '상관적 포섭'이야!

마지막으로 파생적 포섭에 대해 힌트를 만들어 보자. '파생'은 한자로 派生(갈래 파, 날 생)이며, 국어사전에서는 '사물이 어떤 근원으로부터 갈려 나와 생김'으로 풀이하고 있다. 그리고 파생적 포섭의 요점은 '기존 개념에 새로운 과제나 예를 포섭'이다. 정보는 다 줬으니 이번엔 직접 개념의 명칭과 요점을 연결하여 아래 박스에 힌트를 만들어 보자.

[파생적 포섭에 대한 힌트 생성]

필자는 어떻게 힌트를 만들었는지 궁금할 수 있으니 참고 예시를 두고 가겠다.

[파생적 포섭에 대한 힌트 생성 과정]

파생적 포섭에서 '파생'은 '어떤 근원에서 갈림'이라는 뜻이야. 파생적 포섭의 요점은 '기존 개념에 새로운 과제나 예를 포섭하는 것'이었고. 그럼 이 둘을 이렇게 연결해 보자. 파생적 포섭을 나중에 떠올렸을 때 쉽게 생각하려면 '파생'이라는 뜻부터 생각하면 돼. 파생은 '어떤 근원에서 갈림'인데, 근원은 기본(상위)개념으로, 갈린 것은(새로운 과제나 예=하위개념)이라고 생각하면 근원에서 갈린 것을 포섭하는 것이므로 파생적 포섭의 의미를 도출해 낼 수 있겠어.

이렇게 각각의 개념에 힌트를 만들어 놓으면 나중에 설령 헷갈리더라도 개념의 '명칭'으로부터 '요점'을 도출해 내기가 쉬워진다. 매번 이해하고 암기해 놓고 까먹어서 다시 외우는 노력을 들이는 대신, 힌트 한번 만들어 놓고 오랫동안 가져가는 편이 더 낫지 않을까? 선택은 여러분의 판단에 맡기며 지금까지 우리가 다룬 포섭에 대한 기출문제도 준비해 봤으니 풀어 보면서 이번 편을 마무리하기 바란다.

[기출문제로 점검하기]

2008학년도 초등 35번 문제

다음 〈보기〉에 제시된 (가)와 (나)의 학습에 활용된 오수벨(D. P. Ausubel)의 포섭 유형을 바르게 나열한 것은?

(가)
- 사각형의 개념을 학습하였다.
  ↓
- 정사각형, 직사각형, 마름모 등을 학습하여 사각형에는 여러 가지 형태가 있음을 알게 되었다.

(나)
- 고양이, 소, 돌고래의 특징을 학습하였다.
  ↓
- 이 동물들은 새끼에게 젖을 먹이며, 이런 공통점을 지닌 동물들이 포유류임을 알게 되었다.

	(가)	(나)
①	상관적 포섭	상위적 포섭
②	상관적 포섭	병렬적 포섭
③	파생적 포섭	상위적 포섭
④	파생적 포섭	병렬적 포섭

정답: 3번

개념
구별

1. 당신은 전문가인가?	• 전문가란? 　– 개념을 이해, 변별, 적용, 응용, 융합 　　할 수 있는 사람 • 이해의 단계 　– NO 이해 → 최초 이해 → 안정적 이해
2. 개념 구별의 기본 방법	• 미세한 차이 감지하기 • 보충자료로 정확한 차이 밝히기 • 차이점을 언어적, 시각적으로 표현해보기
3. 개념 구별 실전 연습	• 보충자료를 활용한 개념 이해 　– 기존 + 보충자료로 각 개념을 정확히 　　이해한 후 구별하기 • 요점으로 구별하기 　– 요점 만들기 　– 구별하기 • 힌트 만들기 　– 개념의 명칭과 요점 연결

⏐ 함께 풀어 봐요, 너와 나의 연결 고민

Q. 개념 구별은 본격적으로 언제부터 시작하면 되나요?

A. 1회독이나 강의를 처음 듣는 시점부터 개념을 구별하기는 쉽지 않을 겁니다. 이 시기에는 개념을 이해하는 것만으로도 벅차거든요. 2, 3회독부터 본격적으로 개념 구별을 해도 늦지 않습니다.

Q. 모든 개념을 매번 이렇게 구별해 가며 학습해야 하나요?

A. Nope! '기출개념' 중에서도 헷갈리는 개념만 확실히 구별하면 됩니다. 모든 개념을 다 구별할 필요는 없어요. 효율적으로 움직여야 합니다. 출제자들은 학습자들이 주로 어떤 개념을 헷갈려 하는지 이미 알고 있습니다. 그들도 교수자 이전엔 학습자였으므로 어떤 개념이 구분하기 힘든지 잘 알고 있습니다. 기출개념을 공부하다가 혼란스러운 개념은 나만 그런 게 아니라 다른 수험생들도 그럴 가능성이 높으니 그런 개념들을 위주로 구별해 놓으면 됩니다.

Q. 요점을 정리할 때 왜 '자기 말'로 먼저 정리해 봐야 하나요? 수험서나 보충 자료를 보고 바로 요점을 따는 게 더 시간이 절약되지 않나요?

A. 자기 말로 풀어 보는 이유는 본인의 언어 표현력을 높이기 위해서입니다. 어설프더라도 내가 이해한 대로 요점을 표현해 보는 연습이 뒷받침되어야 나중에 인출 및 답안 작성이 수월해집니다. 자료를 보면서 요점부터 따내면 그 개념을 구성하는 어휘가 선천적으로 자기 것이었던 것마냥 착각해 버려요. 이는 마치 눈앞에 있는 사물을 보고 그리면서 나중에 안 보고 그 사물을 그대로 그릴 수 있을 거라고 착각하는 것과 비슷하다고 생각하면 됩니다.

그럼 우리는 어떻게 해야 할까요? 나중에 사물을 안 보고도 그릴 수 있으려면 시선을 잠깐 돌려놓고 최대한 비슷하게 표현해 보고, 그래도 안 되면 살짝 곁눈질하면서 힌트도 얻고, 다시 안 보고 그리는 과정을 반복해야 그림 실력이 늘겠죠?

개념 서술도 마찬가지입니다. 어설프더라도 일단 자기 말로 서술해 보고, 기존 자료 및 보충 자료의 용어와 어떤 차이가 있는지 비교해 보며 다듬는 과정이 뒷받침되어야 표현력이 서서히 늡니다.

Q. 같은 개념이더라도 기존 자료와 보충 자료가 설명이 약간씩 달라요. 의미는 같은데 개념 설명에 사용된 단어가 다르다면 어떤 것을 토대로 정리를 하면 되죠?

A. 아주 좋은 질문입니다. 이렇게 생각하면 됩니다. 같은 사물을 보더라도 화가의 감정이나 기법에 따라 표현이 다를 수 있죠? 언어도 마찬가지입니다. 선생님을 스승, 은사, 쌤, 선생, 꼰대 등으로 표현할 수 있듯이 개념도 의미는 같지만 자료에 따라 다른 단어들로 표현할 수 있어요. 그럼 우리는 어떤 단어를 준거로 삼아 요점을 정리하면 될까요?

첫째, 기출문제를 먼저 살펴보세요. 기출문제의 지문이나 보기를 보면 경우에 따라 간략히 개념을 설명한 부분들이 있습니다. 그 부분의 단어를 참고하여 그 단어와 일치하거나 비슷한 단어를 찾아 요점 정리하면 됩니다. 이에 대한 자세한 내용은 2편의 '핵심 문장, 핵심 키워드 찾기'를 참고하세요.

둘째, 기출문제에서 개념을 다루고 있지 않으면 기존 자료 및 보충 자료에서 더 선호하는 단어를 골라 사용하면 됩니다. 가령 파생적 포섭을 A서적에선 '기존의 인지구조에 새로운 예나 과제를 포섭'이라고 설명하고 B서적에선 '기존 개념에 새로운 예나 과제를 포섭'이라고 표현하였다면 '기존의 인지구조'와 '기존 개념' 중 내게 더 착 달라붙는 단어를 선택하여 요점을 정리하면 됩니다. 저는 주로 개념을 표현할 때 더 간결한 단어를 선택하는 편입니다.

셋째, 기존 자료나 보충 자료 내용 중 일부 마음에 들지 않는 단어가 있다면 그 부분은 내 언어로 바꿔도 됩니다. 가령 A서적에선 '기존의 인지구조', B서적에선 '기존 개념'이라고 표현했지만 내가 생각했을 때 그 단어들보다 '선행개념'이나 '상위개념'이 더 적절하다고 생각되면 그 단어로 요점을 정리하면 됩니다. 단, 개념을 정확히 이해한 상태여야 하고요. 객관적으로 봤을 때 개념을 표현함에 있어 누구나 인정할 수 있는 단어여야 합니다. 나만 알아들을 수 있는 단어로 요점을 정리하고 나중에 인출 및 답안 작성하면 채점자들이 정답으로 인정해 주기 힘들겠죠~?

개념 적용

노력에 대한 최고의 보상은,
그것으로 인해 얻는 물질이 아니라
그것으로 인해 변하는 그의 모습이다.

- 존 러스킨(영국 사회 비평가) -

개념 적용	1. 어느 수험생의 고민	• 개념 적용의 어려움 • 적용도 연습이 필요하다
	2. 적용 연습 방법	• 문제 활용 　− 개념 이해 및 개념 적용 점검 • 논문 검색 　− 국회전자도서관 　− 대학 도서관 지역주민제도 활용 • 예상하기 　− 쉬운 개념일 때 　　→ 상상하기 　− 어려운 개념일 때 　　→ 보충자료로 개념 이해 후 상상 • 실험하기 　− 실제 내 환경에 적용

1) 어느 수험생의 고민

다음 사례를 읽고 A씨의 고민이 본인에게도 해당되는지 살펴보자.

임용고시를 준비하는 A씨에겐 심각한 고민이 있다. 강의를 통해 개념을 공부하고 복습해도 문제로 마주치면 늘 자신이 없다는 것이다. 방금 전에 개념을 공부했어도 문제로 접하면 이상하게도 쉽게 풀리지 않는다. 기계적인 인출을 요구하는 문제에서는 그나마 괜찮은데 여러 조건과 상황을 고려하여 개념을 적용하는 문제에서는 늘 맥을 못 춘다. 모범 답안을 참고하여 문제의 답을 외워도 소용이 없다. 똑같은 개념을 조금만 다르게 변형하여 문제로 마주치면 틀리는 일이 잦다. 한두 번이야 괜찮지만 이런 일이 반복되다보니 점점 무기력해지고 과연 임용을 준비할 수 있을지 의문이 든다.

사실 예전에 겪었던 필자의 고민이기도 하다. 고민의 핵심은 '개념 적용의 어려움'이다. 흔히들 개념을 최초로 학습한 순간 그 개념을 온전히 이해한 줄로 아는데 그건 착각이다. 운전면허 필기시험을 합격했다고 곧바로 주행할 수 있는가? 운전을 해 본 사람이라면 이 상황이 얼마나 무모한 일인지 알 것이다. 주행을 하려면 운전면허 강사의 지도 아래 기능 연습 및 주차 연습도 해야 하고 도로주행도 나가 봐야 한다. 즉, 실전에 들어가기 전 실전과 유사한 환경에서 충분한 연습 시간을 가져야 한다.

우리에게 '실전'은 언제인가? 임용시험 당일이다. 이 날에 그동안 공부한 개념을 적용·응용하여 답안을 작성하려면 이에 대한 연습 과정이 있어야 한다. 기출문제를 풀어 보면 알겠지만 쉬운 문제는 개념을 이해만 해도 풀린다. 하지만 어려운 문제는 개념을 이해했어도 문제의 조건과 상황이 까다로워 적용 및 응용 연습이 뒷받침되지 못하면 풀기가 어렵다. 그러니 위의 사례처럼 개념을 문제에 잘 적용시키지 못한다고 자책하지 말자. 머리 때문이 아니라 별도의 연습 과정이 없어서 그런 것이었으니까. 지금부터 연습을 하면 된다.

한편, 모든 개념을 적용·응용 연습해야 하는 것은 아니다. 기출개념 또는 앞으로 나올 만한 개념을 주 타깃으로 삼으면 된다. 또한 기출개념이지만 쉬운 개념이라 머릿속에 훤히 그려진다면 굳이 그 개념까지 적용 연습 대상에 넣지는 않아도 된다. 1~2회독 때는 개념 이해에 초점을 두므로 개념 적용 연습은 2~3회독 시기부터 서서히 진행하면 된다. 그럼 개념 적용 및 응용 능력을 기를 수 있는 방법에 대해 알아보자.

2) 적용 연습 방법

이 책에서 소개할 개념 적용 연습 방법은 (1) 문제 활용, (2) 논문 활용, (3) 예상하기, (4) 실험하기다.

'문제 활용'에서 문제는 기출문제, 강사의 문제, 스터디 문제 등 모든 문제를 말한다. 개념에 대한 다양한 문제를 풀수록 응용력 및 적용력이 상승하는 건 다들 잘 알고 있을 것이다. '논문'은 실제 현장에서 개념을 어떻게 활용하고 있는지를 담고 있는데, 좋은 논문의 경우 학원 수험서나 전공서

보다 개념을 상세히 풀어 놓고 있으므로 개념을 이해하기에도, 적용력을 기르기에도 모두 좋다.

'예상'은 이해한 개념을 머릿속으로 상상하며 구체적인 예시를 만들어 보거나 미래의 현장에 어떻게 적용할 수 있을지 생각해 보는 방법을 말한다. 반면 '실험'은 개념을 본인이나 주변 사람, 환경에 직접 사용해 봄으로써 개념 고유의 특징이나 효과를 직접적으로 느끼며 지식을 체화하는 방법이다.

문제와 논문은 이미 개념이 적용된 모습을 접하기에 '간접적' 방법으로 분류하였으며, 예상과 실험은 개념을 직접 머릿속으로 상상해 보거나 실험해 본다는 점에서 '직접적' 방법으로 분류했다. 이 네 방법은 무엇이 좋고 나쁘다 차원에서 나눈 것이 아니다. 방법들은 서로를 상호 보완한다. 아무리 상상력이 풍부해도 개념 특성상 적용 모습을 상상하기 어렵다면 논문이나 기출문제를 통해서 적용된 예를 직접 살펴보는 게 나은 것처럼 경우와 상황에 맞게 여러 방법을 선택적으로 사용하며 적용·응용력을 기르면 된다.

(1) 문제 활용

개념 적용의 예를 살필 수 있는 가장 간단한 방법은 관련 기출문제를 살펴보는 것이다. 기출문제를 보면 개념을 상황에 맞게 적용시킨 문제들을 종종 볼 수 있다. 공부를 하다가 책만으로는 이해가 안 되고, 현장에서 어떻게 사용하면 될지 감이 잡히지 않으면 관련 기출문제를 찾아 그 개념이 어떻게 적용됐는지 살피면 된다. 학계를 대표하는 우수한 교수님들이 개념을 적용하여 만든 문제이므로 객관적이고 신뢰할 수 있다는 장점이 있다. 그러니 책만 보고 적용 예를 그리기 힘든 개념은 기출문제를 보며 어떻게 적용이 됐는지 참고해 보자.

예제 하나를 준비했다. 딕과 캐리(W. Dick & L. Carey)의 체제적 수업설계 모형 중 '교수분석'에 대한 설명이다. 아래의 설명을 읽고 '교수분석'이 무엇인지 이해해 보자. 그리고 어떻게 적용할 수 있을지도 머릿속으로 그려 보자.

교수분석

교수목표가 설정된 뒤에 그 목표가 어떤 학습 유형(지적기능, 신체적 기능, 언어적 기능, 태도)에 속하는가를 결정한다. 유형이 확인되면, **목표 달성을 위해 하위기능을 분석하고, 어떤 절차로 학습되어야 하는가를 밝힌다.**

『교육학논술의 패러다임』, 권구현, 밝은내일, 2017, 537쪽

위의 설명만 읽고도 '목표 달성을 위해 하위기능을 분석하고 어떤 절차로 학습되어야 하는가를 밝힌다.'라는 말들이 무슨 말인지 타인에게 예를 들어 설명할 수 있다면 당신은 이해력과 상상력이 풍부한 편이다. 하지만 필자는 위의 말들이 도무지 무슨 말인지 전혀 감이 잡히지 않았기에 다음과 같은 관련 기출문제를 살펴보았다.

딕과 캐리(W. Dick & L. Carey)의 수업체제 설계모형에 따라 수업을 설계할 때, 다음에 제시된 절차에 해당하는 것은? (답 1번)

> '학습자는 순환마디로만 이루어진 순환소수를 분수로 변환할 수 있다.'는 수업목표를 '지적 기능'으로 분류한 후, 정보처리 분석과 위계분석을 수행하였다. 다음 그림은 그 결과의 일부이다.

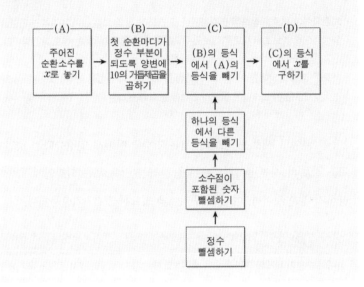

① **교수분석**　　② 요구분석　　③ 형성평가　　④ 환경분석　　⑤ 학습자분석

　기출문제를 보는 순간 '교수분석'이 무슨 말인지 한 방에 딱! 이해가 됐다. '목표 달성을 위해 하위기능을 분석한다.'라는 말은 기출 지문에서 (C)박스와 그 밑의 하위 박스들에 해당하며, '어떤 절차로 학습되어야 하는가를 밝힌다.'라는 (A)부터 (D)박스까지의 순서에 해당하는 것임을 알았다. 만약 이렇게 기출을 확인하지 않고 이해도 되지 않는데 머릿속으로만 그리려고 했다면 키스를 글로 배우는 것처럼 위험한(?) 결과를 초래했을 것이다.

한 가지 개념을 더 살펴보자. 교육심리 파트에서 다루는 부호화전략 중 '정교화'에 대한 내용이다. 정교화가 무엇인지 이해해 보자. 그리고 그 개념을 어떻게 적용할 수 있을지 상상해 보자.

정교화

- **기존지식**에 **새로운 정보**를 연결하거나, 학습해야 할 정보들 간에 추가적인 연결을 형성하도록 함으로써 새로운 정보의 유의미한 학습을 증가시키는 부호화 전략이다.

- **새로운 정보**의 의미를 해석하고, **사례**를 들고, 구체적 특성을 분석하고, 추론을 하는 것, 새로운 정보와 다른 정보의 관계를 분석하는 과정

내용을 읽어도 '새로운 정보'와 '기존지식'을 어떻게 연결한다는 것인지, '새로운 정보'의 '사례'를 들고 '추론'을 한다는 것은 무슨 의미인지 도통 감이 잡히지 않을 것이다. 이럴 때 우리에게 필요한 것은? 기출문제다.

2013학년도 중등 1차 19번 문제 중 '정교화'에 대한 보기

㉠ 인체의 순환기 체계에 대한 학습을 촉진하고자 순환기 체계와 유사한 펌프 체계에 연결하여 설명하였다.

㉢ 우리 주변의 여러 가지 힘 중 마찰력에 대한 학습을 촉진하고자 등산화 밑창, 체인을 감은 자동차 바퀴 등을 사례로 제시하면서 설명하였다.

기출문제를 보니 정교화가 무슨 말인지 이해가 된다. 기출문제의 보기 ㉠을 앞에서 본 내용과 대조해 보면 인체의 '순환기 체계'는 '새로운 정보'에 해당하며, '펌프체계'는 '기존지식'에 해당함을 확인할 수 있다. 기출문제의 보기만 봤을 뿐인데도 종전까지 피상적이었던 단어(기존지식과 새로운 정보)를 구체적이면서도 친근한 단어(펌프 체계, 순환기 체계)로 받아들여

이해가 가능해졌다. 마찬가지로 보기 ⓒ을 보면 '마찰력'은 '새로운 정보'를, '등산화 밑창'이나 '체인감은 바퀴'는 '사례'에 해당됨을 알 수 있다.

	기존 용어	기출문제 용어
정교화	△ 기존 지식, ▲ 새로운 정보	△ 펌프 체계, ▲ 순환기 체계
	◇ 새로운 정보, ◆ 사례	◇ 마찰력, ◆ 등산화 밑창 또는 체인감은 바퀴

기출문제만으로도 개념 이해를 돕고, 덤으로 적용 모습을 살펴볼 수 있다니! 괜찮은 방법이지 않은가? 그러니 책을 읽고도 이해도 안 되고, 적용 모습도 선뜻 그려지지 않으면 망설이지 말고 기출문제부터 찾아보는 습관을 기르자.

(2) 논문 활용

"대학원생도 아닌 임용 수험생에게 무슨 논문이야?"라고 불만을 쏟아내는 사람도 있을 것이다. 그런 사람에게 나는 이렇게 말하고 싶다. "배움에 있어 자신의 한계를 미리 선 긋지 마세요. 그런 태도는 당신을 전문가로 만드는 데 방해가 됩니다."

논문을 어렵게 생각하지 말자. 단순하게 '보충 자료'라고 생각하면 된다. 기출개념 중에서도 이해가 안 되거나 적용 모습이 그려지지 않는 개념은 논문을 찾아보면 된다. 논문은 개념에 대한 근원적인 배경 및 필요성부터 현장에 어떻게 접목시킬 수 있는지를 상세히 다루고 있으므로 적용력을 기르는 데 최상의 도구가 될 수 있다(교육학까지 이렇게 논문을 찾아가며 공부하라는 것은 아니다. 모든 수험생에게 예를 전달하기 위해 교육학 개념을 사용한 것이므로 본인 전공에서 제대로 알고 싶은 개념만 찾으면 된다).

필자는 주로 '국회전자도서관'을 이용했는데, 국내의 굵직한 논문은 대부분 이곳에서 검색 및 열람이 가능하다. 아쉬운 점은 굵직한 논문 이외에 소논문들은 열람을 할 수가 없는데 이때는 집 주변 대학도서관의 '지역주민제도'에 가입을 하면 열람이 가능하다. 가입을 하면 대학의 재학생처럼 도서관에서 책도 빌릴 수 있고 도서관 홈페이지의 '메타검색'을 통해 그 대학과 협력을 맺은 논문 검색 사이트를 무료로 이용할 수 있으니 꼭 활용해 보길 바란다.

필자는 논문을 검색할 때 우선 '국회전자도서관'에서 검색한 후 원하는 자료를 찾지 못하면 대학도서관 홈페이지의 '메타검색(명칭은 대학도서관마다 다를 수 있음)'을 이용한다. 이곳을 이용하면 '학술연구정보서비스'나 'DBpia' 등의 논문검색 사이트를 무료로 이용할 수 있어서 지금도 애용하는 편이다.

그럼 이제 논문 활용 방법을 배워 보자. 앞의 기출문제 활용 편에서도 다뤘던 딕과 캐리(W. Dick & L. Carey)의 '체제적 수업설계 모형'을 논문으로 찾아봤다. 아래의 내용과 논문 내용을 번갈아보며 '교수분석'이란 결국 무엇이며, 어떻게 현장에 적용할 수 있는지 살펴보기 바란다.

[수험서 내용]

교수분석

교수목표가 설정된 뒤에 그 목표가 어떤 학습 유형(지적기능, 신체적 기능, 언어적 기능, 태도)에 속하는가를 결정한다. 유형이 확인되면, **목표 달성을 위해 하위기능을 분석하고, 어떤 절차로 학습되어야 하는가**를 밝힌다.

『교육학논술의 패러다임』, 권구현, 밝은내일, 2017, 537쪽

[본문 자료: 고등학교 『중국어 I 』의 문화 내용인 "나는야 중국통" 단계를 교수분석함]

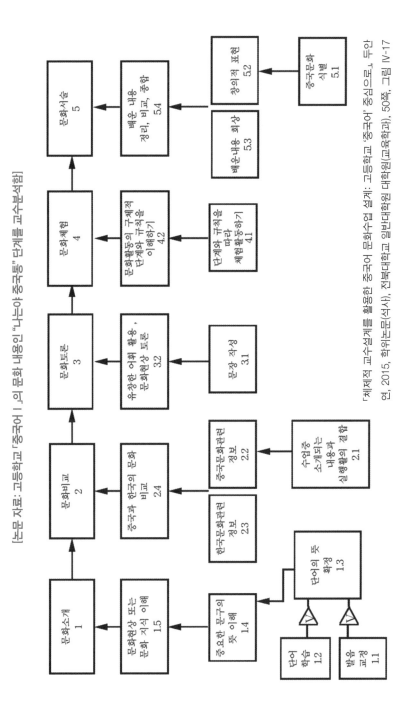

문화소개 1 → 문화비교 2 → 문화토론 3 → 문화체험 4 → 문화서술 5

문화현상 또는 문화 지식 이해 1.5 → 중요한 문구의 뜻 이해 1.4 → 단어의 뜻 확장 1.3

단어 학습 1.2

발음 교정 1.1

한국문화관련 정보 2.3

중국문화관련 정보 2.2 → 수업중 소개되는 내용과 실생활의 결합 2.1

중국과 한국의 문화 비교 2.4

유창한 어휘 활용, 문화현상 토론 3.2 → 문장 작성 3.1

문화활동의 구체적 단계와 규칙을 이해하기 4.2 → 단계에 규칙에 따라 체험활동하기 4.1

배운 내용 정리, 비교, 종합 5.4

배운내용 회상 5.3

창의적 표현 5.2 → 중국문화 식별 5.1

「체계적 교수설계를 활용한 중국어 문화수업 설계: 고등학교 '중국어' 중심으로, 두인연, 2015, 학위논문(석사), 전북대학교 일반대학원 대학원(교육학과), 50쪽, 그림 IV-17

5. 개념 적용   177

지면상 논문 내용을 다 싣지 못해 추가적으로 설명하자면 앞에서 본 교수분석의 교수목표는 '중국문화의 이해' '한국문화와 비교' '실제 의사소통에 활용'이다. 이 교수목표를 달성하기 위해 1(문화소개)부터 5(문화서술)까지를 절차로 나타냈고, 각 절차 과정마다 요구되는 하위기능(ex. 5.1 → 5.2 → … → 5)을 분석한 것이다. 어떤가? 백날 눈으로만 읽고 넘어가다가 직접 논문에서 '교수분석'의 예를 보니까 이해가 잘 되지 않는가? 이게 바로 논문의 힘인 것이다. 피상적으로 남을 수도 있었던 개념을 논문으로 만나면 그 개념이 결국 무엇이었는지 더 정확히 깨달을 수 있고, 그 개념을 어떻게 활용할 수 있을지도 감이 잡힌다.

　　기세를 몰아 '정교화' 개념도 논문으로 다시 살펴보자. 아래의 수험서(강사 교재) 내용에서 '학습해야 할 정보들 간에 추가적인 연결'이라는 말이 무슨 말인지를 고민해 보고 어떤 예를 들 수 있을지 생각해 보자. 그 후에 논문 내용을 보며 내가 잘 이해했었는지, 만든 예도 적절했는지 비교해 보자.

[일반적인 수험서 내용]

정교화

- 기존지식에 새로운 정보를 연결하거나, **학습해야 할 정보들 간에 추가적인 연결을 형성**하도록 함으로써 새로운 정보의 유의미한 학습을 증가시키는 부호화 전략이다.

- 새로운 정보의 의미를 해석하고, 사례를 들고, 구체적 특성을 분석하고, 추론을 하는 것, 새로운 정보와 다른 정보의 관계를 분석하는 과정

Stein 등(1982)의 연구는 5학년 학생들을 기존의 학업성취도에 따라 세 개의 집단(성공, 평균, 미성공 집단)으로 나누었다. 연구자는 세 집단으로 나뉜 학생들 모두에게 "키가 큰 사람이 페인트 붓을 사용하였다." "배고픈 사람이 차 안으로 들어갔다." 등과 같은 일련의 문장을 제시하였다. (중략) 연구자는 피험자들에게 각각의 문장을 기억하는 데 도움을 줄 수 있는 구절을 스스로 만들어 내도록 하였다. 연구자들은 피험자가 제시한 구절에 대해서, 문장 속의 사람이 취하고 있는 행동과 그가 가진 특징 사이의 연결을 제시한 경우 정교화가 정확한 것으로 분류하였다. **예를 들면 피험자가 "키가 큰 사람이 페인트 붓을 사용하였다."라는 문장에 대하여 "천장에 페인트칠을 하기 위하여"라는 연결 구절을 제시할 경우 정확한 정교화로 판단하였다.**

「정교화 유형과 자기맥락화가 텍스트 기억 및 이해에 미치는 영향」, 석사학위논문, 홍익대학교 대학원 교육학과 교육심리 전공, 이보람, 2014, 발췌 수정

필자는 사실 논문을 읽기 전까지 '학습해야 할 정보들 간에 추가적인 연결을 형성'한다는 말이 뭔지 몰랐다. 대략 무슨 말인지는 알겠지만 다른 사람에게 설명할 수는 없는 수준이랄까. 하지만 논문의 예를 보니 상황이 달라졌다. 개념을 정확히 이해할 수 있었고, 명칭만 몰랐을 뿐이지 나도 종종 공부할 때 사용한 전략이 '정교화'였음을 깨달았다. 수험서와 논문 내용을 1:1로 매칭해 보자.

수험서	논문
학습해야 할 정보들 간에	• (정보1) 키가 큰 사람이 • (정보2) 페인트 붓을 사용하였다.
추가적인 연결	• (정교화 정보) 천장에 페인트칠을 하기 위하여

수험서의 '학습해야 할 정보들'은 논문의 예에서 '키가 큰 사람이 페인트 붓을 사용하였다.'에 해당하며, 수험서의 '추가적인 연결을 형성한다.'는 논

문의 예에서 '천장에 페인트칠을 하기 위하여'에 해당한다. 결국 '키가 큰 사람'이라는 정보와 '페인트 붓을 사용하였다.'라는 정보 간에 연관성이 부족하니 그 사이에 '천장에 페인트칠을 하기 위하여'라는 정보를 넣어 뭔가 그럴듯하게 이야기를 만드는 것이 바로 정교화였던 것이다.

[정교화 작업]

키가 큰 사람이	"천장에 페인트칠을 하기 위해"	페인트 붓을 사용하였다.

이렇듯 논문을 보면 개념을 설명하는 키워드(새로운 정보, 추가적인 정보)를 더 명확히 이해할 수 있고, 그 개념을 어떻게 적용할 수 있을지를 확인할 수 있다. 그러니 잘 모르겠다 싶으면 논문을 찾아보자. 모든 개념마다 찾아 볼 필요 없이 기출개념이지만 수험서 및 전공서로도 설명이 부족한 개념만 찾으면 된다.

(3) 예상하기

지금까지 앞에서 살펴봤던 (1) 문제 활용과 (2) 논문 활용은 개념이 어떻게 문제로 구현되고, 현장에서 적용될 수 있을지 간접적으로 체험하는 방식이었다. 그렇다면 이제는 직접 예를 만들어 볼 차례다. 개념을 현재 또는 미래의 현장에서 어떻게 적용할 수 있을지 생각해 보면 된다. 예상하기 방법은 2가지로 나뉜다.

첫째, 쉬운 개념일 때
둘째, 어려운 개념일 때

첫 번째 접근은 현재 보고 있는 자료만으로도 충분히 이해가 가능한 경우에 바로 개념의 적용 예를 머릿속으로 그려 보는 방법이며, 두 번째 접근은 개념이 어려워 현재의 자료뿐만 아니라 다른 전공서나 논문, 기출문제, 인터넷 검색 등과 같은 보충 자료를 수집한 후 개념의 적용 예를 머릿속으로 그리는 방법이다. 첫 번째 접근 방법부터 알아보자.

- 쉬운 개념일 때

예시로 교육심리 과목의 창의력 단원의 개념 중 하나인 '육색사고모자(six thinking hats)'를 가져왔다. 이 기법은 창의력 사고를 촉진할 수 있는 기법 중 하나인데 개발자인 De Bono에 따르면 사고(思考)에 어려움을 겪는 주된 이유는 감정, 정보, 논리, 희망, 창의적 사고 등을 한 번에 모두 고려하기 때문이라고 한다. 따라서 여섯 가지의 색깔 모자를 놓고 한 색깔 모자당 하나의 사고 유형만 행해 봄으로써 창의력 사고를 촉진시킬 수 있다고 주장한다. 여섯 가지 색깔 모자와 그에 대한 사고 활동의 종류는 다음과 같다.

[육색사고모자 기법]

모자의 색깔	사고 활동의 종류
하얀색 모자	컴퓨터처럼 중립적이고 객관적인 정보를 탐색하는 사고활동
빨간색 모자	자신과 타인의 감정, 느낌, 직관을 탐색하며, 논리성은 배제하는 사고 활동
검정색 모자	틀렸다, 옳지 않다 등의 비판적 판단을 요구하는 부정적인 사고 활동
노란색 모자	앞으로의 이익이나 가능성을 탐색하는 낙천적이고 건설적인 사고 활동
초록색 모자	수평적 사고와 관련이 있으며, 대안을 탐색하는 창의적인 사고 활동
파란색 모자	자신의 사고 활동 전반을 통제하고 조정하는 초인지적 사고 활동

읽어 보면 알겠지만 개념 자체는 그렇게 어렵지 않다. 왜 이 색은 이 사고 종류를 배치했는지도 납득이 간다. 이렇게 쉬운 개념일 경우에는 바로 적용 예를 생각하면 된다. 내 현재 상황이나 미래 상황, 미래의 수업에서 이 육색사고모자를 어떻게 적용할 수 있을지 자유롭게 상상해 보면 된다.

잠깐 멈추고 상상 시간 3분!

나는 두 가지 상황을 머릿속으로 그려 봤다. 하나는 수업에서, 다른 하나는 내게 적용하는 모습을 그려 봤다. 수업에서는 학생들이 그룹 토의 활동을 할 때 여섯 색깔의 모자를 놓고 5분씩 번갈아가며 모자를 바꿔 쓰되, 모자를 쓰는 동안은 그 색깔에 맞는 사고활동에 집중하여 아이디어를 생산하거나 통제, 관리하도록 안내하는 수업을 생각해 봤다. 가령 창의적 체험활동, 도덕, 사회 같은 과목에서는 어떤 주제나 문제에 대해 여러 가치 판단과 접근 방식이 필요한데 그럴 때 이 육색사고모자를 사용함으로써 학생들이 다양한 관점과 생각으로 문제를 해결할 수 있도록 유도하면 안성맞춤일 것 같았다.

다른 한 가지 상황은 내게 적용한 모습이었는데 나는 이 모자를 색종이로 만들어서 책상 앞에 놓아 보면 어떨까 하는 생각을 해 봤다. 공부하다가 부정적인 생각이 들 때면 하얀색(객관적), 노란색(건설적), 초록색 모자(창의적)를 써 보면서 문제를 해결해 보면 좋을 것 같았다. 또한 예상치 못한 급작스런 제안에 휘둘릴 것 같으면 검정색(비판적 판단) 및 파란색(초인지적) 모자를 써서 지금의 상황을 잠깐 진정시키고 무엇이 정말 옳은 길인지 생각하면 합리적인 판단을 내리는 데 도움이 될 것 같았다.

상상의 장점은 무엇인가? 직접 실험을 하지 않아도, 노력도 많이 기울이지 않아도, 돈을 들이지 않아도 내 마음대로 상황과 조건을 설정해 가며 결과 및 효과를 예상해 볼 수 있다는 데 있다. 텍스트를 그냥 읽고만 지나가면 분명 읽었어도 머릿속에 남는 게 없어서 나중에 인출해 내기가 힘들다. 그러니 상상으로 텍스트에 숨을 불어넣어 이미지로 간직해 보자. 현재 또는 미래의 상황에서 어떻게 적용할 수 있을지 상상해 보면 공부가 재밌기도 하고, 개념이 가진 유용성에 감탄을 느끼기도 한다. 이게 바로 진짜 공부의 참맛인 것이다.

- 어려운 개념일 때

그럼 개념이 어려워 곧바로 상상하기가 어려울 때는 어떻게 하면 될까? 전공서, 기출문제, 논문, 인터넷 검색 등의 보충 자료를 통해 개념을 이해한 후 적용 모습을 예상해 보면 된다(1~2회독 때는 아직 배경지식이나 개념을 구성하는 하위개념에 대한 이해가 부족한 경우가 많으니 이때는 보충 자료를 통해 개념을 '이해'하는 것에 초점을 두고, 2~3회독 때부터 개념의 '적용' 예를 상상해 봐도 된다).

예시는 앞에서 쭉 다뤄 왔던 '정교화'에 대한 내용이다. 먼저 수험서(강사 교재)에서 볼 수 있는 설명을 준비해 봤다. 기존 설명만으로 개념 이해가 어렵다면 보충 자료인 기출문제, 논문, 여러 전공서의 설명을 보면서 개념을 구성하는 각 하위요소가 어떤 의미인지 정확히 이해해 보자.

[정교화에 대한 기존 내용]

정교화

- 새로운 정보의 ① 의미를 해석하고, ② 사례를 들고, ③ 구체적 특성을 분석하고, ④ 추론을 하는 것

- ⑤ 기존지식에 새로운 정보를 연결하거나, ⑥ 학습해야 할 정보들 간에 추가적인 연결을 형성하도록 함으로써 새로운 정보의 유의미한 학습을 증가시키는 부호화 전략이다.

['정교화' 개념에 대한 보충 자료]

① 새로운 정보의 의미해석	콜롬버스의 첫 대서양 횡단 여행에 탑승한 선원이 반란을 일으키겠다고 협박하였다는 것을 학습할 때, 그 학생은 "내가 단언하건대, 그 남자들이 결코 육지의 신호를 발견하지 못한 채 매일같이 서쪽으로 계속 여행했을 때 정말 두려웠을 것이다."라고 사색하는 것 『제7판 교육심리학』, Jeanne E. Ormrod 지음, 이명숙 외 5인 공역, 아카데미프레스, 2012, 238쪽
② 새로운 정보의 사례	우리 주변의 여러 가지 힘 중 마찰력에 대한 학습을 촉진하고자 등산화 밑창, 체인을 감은 자동차 바퀴 등을 사례로 제시하면서 설명하였다. 2012학년도 중등 19번 기출문제 보기 일부
③, ④ 새로운 정보 특성 분석 및 추론	알로사우르스(공룡의 일종)가 강력한 턱과 날카롭고 뾰족한 이빨을 가지고 있었다는 것을 읽을 때, 학생이 알로사우르스는 육식동물이라는 것을 추론하는 것 『제7판 교육심리학』, Jeanne E. Ormrod 지음, 이명숙 외 5인 공역, 아카데미프레스, 2012, 238쪽
⑤ 새로운 정보와 기존 지식 연결	음식을 만드는 주요 과정을 랩 가사로 만든 후 학생이 익숙한 노래 가락에 맞추어 부르게 하였다. 2010학년도 중등 16번 기출문제 보기 일부

⑥ 학습할 정보 간 연결	피험자가 "키가 큰 사람이 페인트 붓을 사용하였다."라는 문장에 대하여 "천장에 페인트칠을 하기 위하여"라는 연결 구절을 제시할 경우 정확한 정교화로 판단하였다. 「정교화 유형과 자기맥락화가 텍스트 기억 및 이해에 미치는 영향」, 석사학위논문, 홍익대학교 대학원 교육학과 교육심리 전공, 이보람, 2014

　시간이 걸리더라도 보충 자료를 꼼꼼히 읽어 보며 기존 설명이 어떤 의미였는지 정확히 이해하기 바란다. 공부 고수들은 누가 일러주지 않아도 평소에 이렇게 개념을 정확히 이해하려고 노력하는 사람들이다. 이 과정이 튼튼하게 뒷받침되지 않으면 오개념을 바탕으로 엉뚱한 상상만 하게 된다. 잘 모르겠다 싶은 개념은 보충 자료를 토대로 제대로 이해하고 제대로 상상해야 한다.

　개념을 이해했다면 이제 적용 연습을 해 볼 차례다. 아래의 개념을 정교화해서 누군가에게 가르치는 모습을 상상해 보자. 정교화의 여러 유형(①~⑥) 중 마음에 드는 몇 가지를 선택하여 타인에게 아래 개념을 어떻게 설명할지 예시를 만들면 된다.

[조나센의 구성주의 학습 환경 설계 중 교수활동 3가지]

모델링	전문가 수준에서 과제에 대한 시범을 보여 줌
코칭	학습자에게 동기 부여, 수행 분석, 피드백과 조언 제공
비계설정	과제 난이도 조정, 과제 재구조화, 인지적 도구 사용

예시를 만들어 보세요.

필자는 다음과 같은 예시를 만들어 봤다.

① 새로운 정보의 의미해석	모델링은 '전문가의 수행'에 초점이 맞춰져 있고, 코칭은 '학습자의 수행'에, 그리고 비계설정은 학습자가 접할 '과제'에 초점이 맞춰져 있어.
② 새로운 정보의 사례	모델링-코칭-비계설정 과정은 미용실에서 전문가가 견습생을 가르치는 과정이나 헬스장 PT 강사가 회원들을 가르치는 과정으로 사례를 들 수 있어.
③, ④ 새로운 정보 특성 분석 및 추론	비계설정에서 과제를 조정해 주지만 학습자의 능력이 목표 수준으로 상승되면 점점 과제를 일반적인 수준으로 변경해 줘야 하지 않을까? 비계는 결국 제거하려고 있는 거니까.
⑤ 새로운 정보와 기존 지식 연결	교수활동 중 비계설정은 '비고츠키'이론에서 다뤘던 개념이야.
⑥ 학습할 정보 간 연결	세 가지 정보(모델링, 코칭, 비계설정)를 한 번에 기억하려면 '모델이 코피(비)가 났다.'라는 문장으로 만들면 되겠네.

지금까지 예상하기 방법을 배웠다. 쉬운 개념이라 이해가 바로 된다면 바로 적용 예를 만들면 되고 어려운 개념은 기존 자료로 이해도, 상상도 어렵다면 보충 자료를 통해 개념을 정확히 이해한 후 적용 예를 상상하면 된다.

(4) 실험하기

실험하기는 정확히 이해한 개념을 실제 상황에 직접 적용해 보는 방법을 말한다. 나에게, 내 주변 사람에게, 내 환경에 두루 적용해 봄으로써 적용력도 기르고, 삶도 더 윤택하게 변화시켜 볼 수 있다. 또한 직접 사용해 보며 개념을 체화된 지식으로 전환시키기 때문에 피상적으로 외운 것보다 더 오래 기억할 수 있다.

이번에 다룰 개념은 교육심리 과목의 행동주의 파트에서 볼 수 있는 '강화와 벌의 유형'이다. 이미 공부한 내용이라면 살짝 곁눈질하며 예전 기억을 떠올려 보고, 처음 접한 개념이라면 차분히 읽으며 각 개념의 의미가 무엇인지 살펴보자.

① **정적강화**는 바람직한 행동에 대해 긍정적인 자극(칭찬, 자유 시간, 장학금)을 제시함으로써 이후 그 행동이 일어날 확률과 빈도를 증가시키는 것을 말한다.

② **부적강화**는 바람직한 행동에 대해 부정적인 자극(청소, 핀잔, 잔소리 등)을 제거시켜 줌으로써 이후 그 행동이 일어날 확률이나 빈도를 높이는 것을 말한다.

③ **1차적 벌(정적 벌)**은 문제가 되는 행동에 대해 혐오자극을 주어서(꾸중, 고통, 체벌) 이후 그 문제행동을 감소시키는 방법이다.

④ **2차적 벌(부적 벌)**은 문제가 되는 행동에 대해 유쾌한 자극을 빼앗음으로써(나쁜 성적에 장학금 지급 정지, 타임아웃) 이후 그 문제행동을 감소시키는 방법이다.

『K교육학』, 고려대학교 교육문제연구소편, 박영story, 2017, 172쪽

혹시나 아직 배우지 않아 개념을 잘 모르는 수험생이 있을 수도 있어서

조금 더 설명을 하자면, 바람직한 행동은 쉽게 말해 '착한 행동', '좋은 행동', '앞으로도 계속 일어났으면 하는 행동'을 말한다. 아침에 일찍 일어나기, 제시간에 맞춰 모임에 참석하기, 하루 계획을 달성하기 등 본인이 설정한 목표에 부합하는 행동이 이에 속하며 이런 바람직한 행동이 발생했을 때 긍정적인 자극(보상)을 줌으로써 이후에 그 행동이 더 발생되도록 유도하는 것을 정적강화라 한다.

부적강화는 바람직한 행동이 발생했을 때 부정적인 자극을 제거해 줌으로써 그 행동이 나중에 더 일어날 수 있도록 해 주는 것인데, 이를테면 오늘 운동 경기력이 좋았던 선수에게 부정적인 자극으로 느껴질 수 있는 화장실 청소나 아침 점호를 면제해 주는 것을 말한다.

'벌'은 앞서 다룬 '강화'와 달리 문제 행동을 줄이기 위해 사용하는 방법인데 1차 벌과 2차 벌로 나뉜다. 1차 벌은 문제 행동 발생 시 혐오 자극을 주어 문제 행동을 감소시키는 것으로, 수업 시간에 스마트폰을 사용하거나 조별 활동에 참여하지 않으며 문제행동을 보이는 학생에게 혐오자극인 벌점을 주는 방식이 이에 속한다. 그리고 2차 벌은 위와 같은 상황에서 유쾌한 자극이 될 수 있는 가산점이나 수행평가 태도 점수를 깎는 방식을 말한다.

개념도 이해했으니 이제 실전에 돌입해 보자. 지금까지 공부한 강화와 벌을 아래의 상황에 적용해 보면 된다. 실제 겪고 있는 일이라고 가정하며 이 상황을 어떻게 하면 긍정적으로 바꿀 수 있을지 생각해 보면 보자. 4가지가 벅차면 2가지라도, 2가지가 벅차면 1가지 개념만이라도 적용해 보자.

당신은 토요일마다 전공 스터디에 참여하고 있다. 하지만 시간이 지날수록 스터디 멤버는 제 시각에 모이지 않고 지각을 한다. 어떤 때는 30분 넘게 스터디가 지연됐다. 당신이라면 이 상황을 어떻게 개선할 수 있을까? 바람직한 행동은 '정시 도착'이며, 문제 행동은 '지각'이다.

필자도 스터디를 해 봤기 때문에 위 상황이 얼마나 짜증나는지 익히 알고 있다. 그래서 4가지 개념 모두를 적용하여 다음과 같은 방법을 고안해 봤다.

- **2차적 벌**: 스터디 3회 이상 지각하는 자는 스터디 영구 탈퇴
- **1차적 벌**: 스터디 1회 지각 시 벌금 부과
- **부적 강화**: 정시 전에 도착하면 지각했던 이력 삭제나 벌금 환불
- **정적 강화**: 정시 전에 3회 이상 일찍 도착하면 그동안 쌓인 벌금으로 음료 선물.

만들어 놓고 보니 스터디 규정으로 삼기에 좋은 것 같다. 이렇듯 개념을 내 삶에 직접 적용해 봄으로써 삶에 긍정적인 변화를 일으키는 방법이 바로 '적용하기'이다. 한 가지 개념만으로 아쉬우니 다른 개념으로도 연습을 해 보자. 개념은 Weiner의 귀인이론에서 다루는 '귀인 재훈련'이다.

귀인 재훈련 방법

귀인 재훈련은 학습자의 바람직하지 못한 귀인성향을 바람직한 방향으로 변화시키는 것이다.

① 실패에 대한 걱정보다는 현재의 과업에 집중하도록 한다.
② 수행 과정을 점검하여 오류를 탐색하고, 문제를 분석하여 실패에서 벗어나기 위한 대안적 방법을 찾도록 한다.
③ 실패의 원인을 능력 부족보다는 불충분한 노력, 정보의 부족, 비효과적인 학습 전략의 사용으로 귀인 하도록 한다.

『2017년 대비 최신판 함께하는 교육학 上』, 전태련, 도서출판 cambus, 187쪽

혹시라도 귀인이론이 무엇인지 아직 모르는 사람이 있을 수 있으니 간단히 설명하자면 귀인이론은 본인의 성공이나 실패의 원인을 능력, 노력, 과제 난이도, 운 등의 요소 중 어디에 두느냐에 따라 학습 동기가 좌우된다는 이론이다.

바람직하지 못한 귀인 성향을 가진 사람은 성공의 원인을 운에 둠으로써 성공에 대한 기대가 높지 않고 과제에 대한 접근도 부족하다고 본다. 또한 실패의 원인을 본인의 능력 부족에 둠으로써 무능력감과 낮은 자존감으로 과제를 회피한다고 본다. 그럼 앞에서 예제로 다룬 '귀인 재훈련 방법'을 우리에게 적용해 본다면 어떻게 활용할 수 있을까? 하나씩 차근차근 적용해 보자.

① 실패에 대한 걱정보다는 현재의 과업에 집중하도록 한다.

실패, 즉 불합격을 단 한 번도 생각해 보지 않은 사람이 과연 우리 주변에 있을까? 1년에 한 번뿐인 시험에서 0.1점 차로 떨어지기도 하는데 걱정을 안 할 수가 없을 것이다. 누구나 실패에 대한 걱정을 하기 마련이고, 필자도 걱정에 걱정을 달고 살았다. 하지만 그럴 때마다 다르게 생각을 품어 상황을 전환해 봤는데 지금 생각해 보면 그 전략이 귀인 재훈련이었다. 필자는 실패에 대한 걱정이 들면 다음과 같이 생각하며 마음을 잡았다.

"누구나 다 걱정을 하고 있을 거야. 나만 그런 게 아니야. 그럼 경쟁력을 확보하려면? 남들이 계속 걱정의 소용돌이에 휘말려 있을 동안 난 조금이라도 더 빨리 뚫고 나와 개념 하나라도 더 외우면 되는 거야. 남들이 걱정 2번 할 때 나도 똑같이 2번을 하더라도 짧게 하고 짧게 빠져나오자. 그리고 그렇게 벌어들인 시간만큼 개념 하나 더 공부하고, 더 암기해서 실력을 높이면 돼."

아직 다가오지도 않은 불안한 미래 때문에 현재를 저당 잡히고 싶지 않았다. 설령 불합격을 하더라도 걱정으로 소모할 시간을 개념 하나라도 더 공부하고 외우는 데 쓰면 내년엔 더 준비된 상태로 임용시험에 돌입할 수 있을 것 같았다. 그러니 독자들도 걱정, 불안이 들 때면 그 소용돌이에서 빠져나올 수 있는 자신만의 주문 하나를 만들어 놓기를 바란다. 다음으로 두 번째 귀인 재훈련 방법도 적용 연습을 해 보자.

② 수행 과정을 점검하여 오류를 탐색하고, 문제를 분석하여
실패에서 벗어나기 위한 대안적 방법을 찾도록 한다.

똑같은 기간 동안 비슷한 시간을 투자하고도 누군 붙고 누군 떨어지는 원인은 어디에 있을까? 필자는 귀인 재훈련 전략 ②에 있다고 본다. 현재 내 공부 습관과 방법이 효율적인지 초인지적으로 점검하며 불필요한 시간 낭비나 잘못된 공부 습관이나 방법은 고쳐야 한다. 즉, 일반적인 학습자가 아닌 유능한 학습자로 바뀌어야 한다는 소리다. 유능한 육상선수는 기록을 0.01초 앞당기기 위해 스타트 자세부터 피니시 라인에 도달하기까지의 모든 동작을 하나하나 점검하여 개선한다. 우리도 그래야 한다. 아침에 일어나 잠자리에 들기까지 모든 과정을 꼼꼼히 살펴봐야 한다. 그래서 낭비하거나 불필요한 시간을 줄여 한 개념이라도 더 공부할 수 있는 시간을 확보해야 한다.

우선 외적인 측면부터 점검해 보자. 아침에 기상 스터디를 하고 나서 다시 잠들지 않는지, 집에서 점심 먹고 다시 독서실을 가야 하는데 쉰다고 1시간 이상 집에 머물고 있지 않은지, 쉬는 시간에 잠깐 스트레스 푼다고 게임을 하다가 30분 이상 붙잡고 있지는 않은지, 인터넷 쇼핑한다고 2시간 이상 허비하고 있지 않은지, 평일에 이성 친구와 잠깐 만나서 커피만 마시려다가 분위기를 타서 영화도 보고 밥까지 먹지는 않았는지(주말에 해도 되는 것을) 등을 살펴봐야 한다.

한편 공부 내적인 측면에서도 자신을 점검할 수 있어야 한다. 가령, 아직 배경지식과 선행지식이 부족하여 개념을 이해 못하는 것인데 그것도 모르고 계속 그 개념에만 매달리고 있지 않은지, 아직 2회독도 안 된 시점에서 무리하게 서브노트를 만들다가 시간만 잡아먹고 있지 않은지, 기출분석을 직접 한답시고 문제 하나하나 오리고 붙이는 데 시간을 과하게 들이지 않는지 등을 살펴봐야 한다.

또한 집중력이 저하돼 머리도 몽롱해지고 잡생각도 뭉게뭉게 피어오르는데 적절히 쉬지 못하고 계속 책만 붙잡고 있는지도 봐야 하고, 3~4회독인데도 계속 책을 읽기만 할 뿐 핵심 개념에 대해 키워드를 선정하고 암기·인출 연습은 별도로 하고 있지 않는지도 살펴봐야 한다. 이 외에도 본인이 사용하고 있는 학습 전략이 효율적인지 따져보며 그렇지 않다면 전략을 수정하거나 대체할 수 있어야 한다.

점검 결과 문제를 찾았으면 대안을 마련해 보자. 점심 식사 후 집에서 계속 늘어져 있다면 생활스터디를 온라인으로 구해서라도 정해진 시간에 독서실이나 도서관에 입실할 수 있어야 한다. 평일 데이트로 시간과 감정 소모가 크다면 데이트는 주말에만 잡으면 된다. 스마트폰 게임을 하고 싶다면 점심, 저녁 식사 후에 15분 이내만 하기로 정하면 되고, 온라인 쇼핑은 주말에 몰아서 한꺼번에 구매하면 평일 공부 리듬을 깨지 않을 수 있다.

내적인 측면에서도 방법을 바꿔 보자. 서브노트를 만들 준비가 덜 됐다면 3회독 이후로 작성 시기를 잡으면 된다. 그 전까지는 개념을 수험서(학원 교재) 및 보충 자료로 정확히 이해하는 것에 초점을 두면 된다.

기출분석도 더 효율적인 방법을 모색해 봐야 한다. 이제 막 임용을 준비하는 4학년이나 일과 공부를 병행하는 수험생은 시간이 그리 많지 않다. 그럴 땐 기출문제를 하나하나 오리고 붙이는 데 시간을 쏟지 말고 강사가 만든 기출문제집이나 합격생의 기출문제집을 구해 기출분석을 하되 분류체계에 맞지 않거나 누락된 기출문제만 보충해서 넣어주면 된다.

특정 개념도 이해하는 데 너무 많은 시간이 든다면 과감히 넘기자. 그 부분을 모르는 것은 집중력이나 인지능력이 낮아서 그런 게 아니다. 그 개념을 구성하는 하위개념을 모르고 있거나 배경지식이 부족해서 그런 것이니 체크해 놓고 넘어갔다가 다음 회기 때 우선적으로 공부하면 된다.

공부할 때 문제인 부분을 적고, 그에 대한 대안을 적어 봅시다.

문제

대안

___

스스로 문제점을 찾기가 어렵다면 네이버 카페 '합격스킬' 멘토링 게시판에 고민 글을
남기거나 멘토링을 직접 신청해서 코칭을 통해 대안을 모색해 보세요. 고민은 혼자
갖고 있을 게 아니라 나누면서 해결해야 하는 것입니다.

멘토링 신청 방법: https://cafe.naver.com/gongbuskill/5386

마지막으로 3번째 귀인 재훈련 방법도 자신에게 적용해 보자.

③ 실패의 원인을 능력 부족보다는 불충분한 노력, 정보의 부족,
비효과적인 학습 전략의 사용으로 귀인하도록 한다.

혹시나 임용시험에 떨어지는 이유가 머리가 나빠서인지 의심하는 수험
생들에게 나는 이렇게 말해 주고 싶다. "사범대를 들어가고 졸업할 정도면
능력은 다 비슷해요. 합격·불합격의 차이는 정보와 전략, 그리고 노력의
차이일 뿐입니다."

서문에서도 밝혔지만 필자의 수능 등급은 언어 5, 수리 5, 외국어 3등급
이다. 선천적인 능력은 별로라는 소리다. 하지만 임용시험은 언어능력이

좋다고, 수리능력이 좋다고, 외국어능력이 좋다고 합격이 보장되는 시험이 아니다. 전공개념을 얼마나 정확하게 이해했으며, 다양한 문제로 적용해 가며 암기·인출을 얼마나 체계적으로 했느냐가 중요한 시험이다.

노력이 부족했다면 일상생활 속 낭비하고 있는 자투리 시간을 확보해 공부 시간을 늘리면 되고, 정보가 부족했다면 내게 맞는 합격생 수기를 찾거나 간절한 마음으로 주변 합격생 및 전공 카페의 합격생에게 조언을 구하면 된다. 전략이 부족하다면 이 책을 통해서나, 다른 여타 공부 방법의 책을 구해 자신에게 맞는 효율적인 공부 방법을 찾아 내 것으로 만들면 된다. 그러면 능력이 올라간다. 임용 합격의 결정적 요인은 카텔(cattell)이 말한 '유동적 지능'이 아니라 정보, 전략, 노력으로 변화될 수 있는 '결정적 지능'[1]임을 꼭 기억하자.

노력, 정보, 전략 면에서 어떻게 하면 더 나아질 수 있을지 적어 봅시다.

노력

_____

정보

_____

---

1 결정적 지능은 환경 및 경험, 문화적 영향에 의해 발달하는 지능으로 교육, 환경, 상황 등에 따라 나이와 상관없이 발달하는 지능을 말한다.

이상으로 개념 적용 연습 방법 4가지를 모두 배워 봤다. 적용 연습을 하려면 사전에 개념 이해가 충분히 되어 있어야 한다는 것을 명심하기 바란다.

적용 연습은 공부의 꽃이다. 딱딱한 텍스트에 생명을 불어넣어 나와 세상을 바꿀 수 있는 기회가 될 수 있으니 말이다. 이 책의 모든 파트가 다 중요하지만 그중에서도 적용 연습은 공부에 재미를 불러일으킬 수 있는 중요한 요소이므로 오늘 소개한 방법들을 차근차근 자기 것으로 만들어 보자.

개념 적용	**1. 어느 수험생의 고민**	• 개념 적용의 어려움 • 적용도 연습이 필요하다

	2. 적용 연습 방법	• 문제 활용
		 – 개념 이해 및 개념 적용 점검
		
		• 논문 검색
		 – 국회전자도서관
		 – 대학 도서관 지역주민제도 활용
		• 예상하기
		 – 쉬운 개념일 때
		  → 상상하기
		 – 어려운 개념일 때
		  → 보충자료로 개념 이해 후 상상
		• 실험하기
		 – 실제 내 환경에 적용

개념 연결

호기심이 사라지는 순간
노년이 시작된다.

- 시몬 드 보부아르(프랑스 작가 겸 소설가) -

개념 연결	1. 연결하라 그럼 부담이 줄어든다	• 학습 부담 감소 • 통합적 사고 촉진 • 기억 연쇄 작용 • 개념 이해 도움

	2. 개념 연결의 조건	• 열린 마음
		  – 개념은 서로 연결된다
		
		• 도식 만들기
		  – 도식으로 개념 연결 통로 만들기
		
		• 질문 던지기
		  – 어떤 개념과 연결될 수 있을까?

	3. 개념 연결의 유형	• 과목 내 연결
		  – 동일 과목 내의 개념들을 연결
		
		• 과목 간 연결
		  – 다른 과목 간의 개념들을 연결
		
		• 학문 간 연결
		  – 다른 학문 간의 개념들을 연결

1) 연결하라, 그럼 부담이 줄어든다

    임용에서 다루는 개념은 기출만 다룬다 하더라도 그 양이 워낙 방대하기 때문에 수험생에게는 학습 부담이 이만 저만이 아닐 수 없다. 하지만 다행히도 이 부담을 줄일 수 있는 방법이 있으니 바로 개념과 개념들을 '연결'하는 것이다.

〈 관련 개념을 엮어 보자, 쇠사슬처럼 〉

출처: Pixabay 무료 이미지

현재 공부하고 있는 개념은 이전 또는 이후에 공부할 개념들과 독립된 별개의 것이 아니다. 현재의 나도 부모님, 친구, 환경으로부터 영향을 받아 자라 왔듯이, 지금 공부하는 개념도 이전의 교육사상이나 관련 개념의 영향을 받아 만들어진 것임을 알아야 한다.

단적인 예를 들자면 교육철학 파트의 '진보주의(progressivism)'가 그 예에 해당될 수 있는데, 진보주의는 자연주의(Naturalism)와 프래그머티즘(Pragmatism) 철학의 영향을 받아 탄생하였지만 진보주의가 갖는 고유의 한계 때문에 '본질주의(Essentialism)' 교육사상을 낳기도 했다.

이처럼 개념은 어디선가 갑자기 날아와 자리를 잡게 된 것이 아니라 그 전의 개념으로부터 파생되고 또 후대의 사상이나 개념에 영향을 주는 것이므로 공부를 할 때는 '내가 지금 공부하는 개념이 다른 어떤 개념과 관련이 있을지' 생각해 봐야 한다.

개념을 연결함으로써 얻는 장점은 첫째, '학습 부담'을 줄일 수 있다. 가령 교육철학 파트에서 교육사상을 자연주의 따로, 프래그머티즘 따로, 진보주의 따로, 본질주의 따로 이렇게 별개의 것으로 보게 되면 4개의 개념 덩어리로 느껴진다. 하지만 자연주의와 프래그머티즘을 진보주의의 '배경'으로 놓고, 본질주의를 진보주의의 '후속 결과'로 연결한다면 '진보주의'를 중심으로 하나의 큰 덩어리를 만들 수 있다.

배경 사상		기준		후속 결과
자연주의, 프래그머티즘	→	진보주의	→	본질주의

둘째, 개념 연결은 통합형 문제를 푸는 데 도움이 된다. 대부분 임용 문제는 단일의 개념으로 풀 수 있는 문제가 아닌 여러 개념들을 복합적으로 알고 조작할 수 있어야 하는 문제들이다. 이런 문제들을 수월하게 풀려면 공부를 할 때부터 지금 공부하고 있는 개념이 이전에 공부했던 개념들과 어떤 연관성을 갖는지 생각해 볼 기회를 가져야 하는데, 개념 연결은 이 과정 자체를 말하는 것이기 때문에 통합형 사고를 촉진한다.

셋째, 기억 연쇄를 불러일으킬 수 있다. 앞에서 다룬 '진보주의' 사상으로 자연주의, 프래그머티즘, 본질주의를 연결해 놓으면 나중에 '진보주의'만 생각해도 자연스럽게 자연주의, 프래그머티즘, 본질주의 등이 줄줄이 생각날 가능성이 높다. 4개의 개념이 하나의 도식으로 형성됐기 때문이다. 하나를 건드리면 고구마 줄기 캐듯이 관련 개념들이 덩달아 회상되므로 암기와 인출에 도움이 된다.

넷째, 개념 이해에도 좋다. 개념 이해라니? 개념 연결이 개념 이해에 도움이 될 수 있다고? 그렇다. 개념들은 독립된 별개의 것이 아니라 서로 영향을 주고받아 탄생한 결과물이다. 따라서 어떤 개념을 이해하지 못했더라도 그 개념과 관련된 개념들을 연결하다 보면 종종 이해의 실마리를 잡는 경우도 생긴다.

가령 진보주의 철학에서는 교사의 역할을 학생을 안내하고 도와주는 것으로 규정하는데 그 이유를 모르겠다면 진보주의의 배경철학인 '자연주의 철학'을 떠올리면 된다. 자연주의 철학에서는 인위적인 개입을 최소화하고 아동이 관심과 욕구에 따라 자발적으로 사고하고 행동하도록 돕는다. 이런 영향을 받아 탄생한 것이 진보주의이기에 교사는 학생을 인위적으로 가르치는 역할이 아니라 안내하고 돕는 역할을 수행하는 것이다.

이처럼 개념 연결은 여러모로 유용한 점들이 많다. 연결을 하면 할수록 공부 부담은 줄어들고 재미는 증가한다. 그럼 개념 연결은 어떻게 하면 되는지 자세히 알아보자.

그럼 시작해 볼까요?

2) 개념 연결의 조건

개념을 연결하려면 다음 3가지 조건을 갖춰야 한다.

첫째, 열린 마음

둘째, 도식 만들기

셋째, 질문 던지기

첫째, "개념은 서로 연결될 수 있다."라는 열린 마음을 가지자. 내가 지금 보고 있는 개념이 예전에 공부했던 개념이나 앞으로 공부할 개념과 얼마든지 연결될 수 있음을 알아야 한다. 개념은 별개로 존재하는 독립된 개체가 아니다. 저자들이 독자의 학습 편의를 고려하여 여러 개념들을 단원과 주제로 분류한 것이므로 개념들은 서로 별개의 개체가 아닌 유기적으로 연결될 수 있는 개체로 봐야 한다.

수학에서 곱셈과 나눗셈을 따로 배웠어도 그 두 관계를 별개로 생각할 수 없듯이, 개념을 각각 따로 공부했어도 2회독 이상부터는 그 개념들이 어떻게 연결될 수 있을지를 생각해 봐야 한다.

교육철학만 봐도 그렇다. 교육철학 사상 중 하나인 '진보주의'를 생각해 보자. 진보주의 사상은 학습자의 흥미, 욕구, 자발성을 중요시하기에(교육 심리) 경험 중심으로 교육과정을 구성하며(교육과정), 교사는 학습을 주입 하는 것이 아니라 안내하는 역할을 한다(교수·학습). 또한 평가도 단순 지 필고사가 아닌 학습자가 얼마나 성장했는지를 본다(교육평가). 잘 보면 철 학 안에 교육심리, 교육과정, 교수학습, 교수평가의 개념들이 들어가 있음 을 확인할 수 있다.

교육학 내에서만 이렇게 개념이 연결될 수 있는 것이 아니다. 교육학과 전공 개념이 연결될 수도 있고, 교육학과 교육과정이, 전공과 교육과정이 연결될 수도 있다. 찾으면 연결 포인트는 얼마든지 만들 수 있다. 연결을 하면 할수록 공부가 재밌어지고 학습 부담도 줄어든다.

둘째, 도식을 갖춰야 한다. 도식이란 과목이나 학문에 대한 구조를 말하 는데 쉽게 말하면 개념으로 이루어진 머릿속 '지도'라고 생각하면 된다. 도 식을 그림으로 표현한 것이 '마인드맵'인데 아래의 마인드맵들을 살펴보 자. 교육심리학을 거시적 관점부터 미시적 관점까지 마인드맵으로 만들어 봤다. 첫 번째 마인드맵은 '교육심리학'에 대한 도식이고, 두 번째 그림은 교육심리학 과목에서도 '학습이론' 단원을 도식으로 만든 것이다. 세 번째 그림은 다시 여러 학습이론 중 '인지주의 학습이론'을 더 세밀하게 도식으 로 표현한 모습이다.

〈① 교육심리학 도식〉

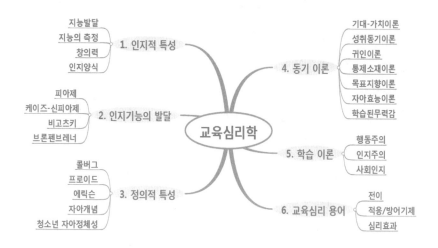

지능발달
지능의 측정
창의력
인지양식
1. 인지적 특성

피아제
케이즈-신피아제
비고츠키
브론펜브레너
2. 인지기능의 발달

콜버그
프로이드
에릭슨
자아개념
청소년 자아정체성
3. 정의적 특성

교육심리학

기대-가치이론
성취동기이론
귀인이론
통제소재이론
목표지향이론
자아효능이론
학습된무력감
4. 동기 이론

행동주의
인지주의
사회인지
5. 학습 이론

전이
적응/방어기제
심리효과
6. 교육심리 용어

〈② 교육심리 과목의 학습이론 단원 도식〉

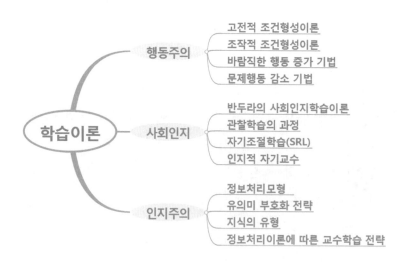

학습이론

행동주의
고전적 조건형성이론
조작적 조건형성이론
바람직한 행동 증가 기법
문제행동 감소 기법

사회인지
반두라의 사회인지학습이론
관찰학습의 과정
자기조절학습(SRL)
인지적 자기교수

인지주의
정보처리모형
유의미 부호화 전략
지식의 유형
정보처리이론에 따른 교수학습 전략

〈③ 교육심리 → 학습이론 → 인지주의 이론 도식〉

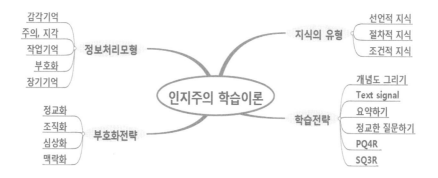

감각기억
주의, 지각
작업기억
부호화
장기기억
→ 정보처리모형

선언적 지식
절차적 지식
조건적 지식
← 지식의 유형

정보처리모형 ← 인지주의 학습이론 → 학습전략

정교화
조직화
심상화
맥락화
→ 부호화전략

개념도 그리기
Text signal
요약하기
정교한 질문하기
PQ4R
SQ3R
← 학습전략

　개념을 연결하는 데 왜 도식이 필요한 걸까? '통로'를 만들기 위해서다. 개념을 연결하기 위한 통로! 통로가 없으면 개념들을 자유자재로 넘나들 수 없다. 단원, 과목, 학문을 넘나들며 개념들을 연결하려면 도식이라는 인지적 통로가 갖춰져 있어야 한다. 그래야 그 통로들을 따라가 이을 만한 개념이 어디 있는지 찾을 수 있다.

　그럼 도식은 언제, 어떻게 만들면 될까? 딱 정해진 시기는 없다. 예습할 때 만들어도 되고, 공부를 하는 도중에 만들거나 복습을 할 때 만들어도 된다. 본인이 편한 시점에 마인드맵이나 목차로 도식을 만들면 된다. 또한 모든 단원과 주제 내용을 매번 도식으로 만들 필요는 없으며 기출에 자주 나오는 중요 단원이나 중요 개념들로만 간단하게 도식을 만들면 된다. 괜히 이것저것 다 넣어서 마인드맵을 만들면 만드는 과정에서 지치기도 하고 불필요한 것까지 적어 둔 것이라 보기가 싫어진다.

　한편, 도식은 거시적 관점부터 미시적 관점까지 다양하게 만들 수 있는

데 해당 과목을 이제 막 처음 접하거나 구조를 확실히 잡고 싶은 수험생이라면 위에서 살펴본 도식 ①처럼 거시적 관점에서 그 과목이 어떤 단원과 주제들로 구성되어 있는지 마인드맵으로 만들면 된다. 앞서 말했지만 모든 단원을 다 대상으로 삼을 필요가 없으며 기출문제에서 나오는 단원과 주제만 대상으로 삼으면 된다.

거시적 구조를 잡고 매일 정해진 단원을 공부해 나갈 때는 도식 ②처럼 단원 단위로 작성하면 되며, 단원 내에서도 기출에 자주 나올 만큼 중요한 주제나 이론은 도식 ②에서 뻗어 나가 도식 ③처럼 자세하게 만들면 된다. 이렇게 작성한 도식을 쉬는 시간이나 식사 시간, 이동 시간, 잠자기 전, 다음 날 아침 틈틈이 보면서 복습과 인출 용도로 삼으면 최고의 공부법이라 할 수 있겠다.

셋째, 질문하는 습관을 가져야 된다. 공부를 하면서나 공부하고 쉴 때 내가 방금 공부했던 개념들이 1주 전, 1개월 전, 혹은 그 이전에 공부했던 개념들과 어떤 측면에서 연결될 수 있을지 질문을 던져 봐야 한다. 매번 질문하라는 것은 아니고 공부하다가 집중력이 떨어지거나 잠깐 쉴 때 3분 정도만 생각하면 된다.

가령, 교육심리학에서 '내적동기'[2]와 '외적동기'[3]를 공부했다고 가정해 보자. 학습에 지속적으로 참여하려면 내적동기와 외적동기 둘 다 중요한데, 이 개념을 예전에 공부한 개념과 어떻게 연결할 수 있을지 질문해 보면 된다. 필자의 경우 조직화, 정교화, 심상화 등 다양한 학습 전략들을 내적동

---

2   외부의 보상과 상관없이 주어진 과제를 하거나 활동하는 그 자체가 보상이 되는 동기
3   외부로부터의 보상을 얻으려는 것과 관련된 동기

기와 연결할 수 있었다. 학생들이 학습 전략들을 배워 학업능력이 좋아진다면 성적이 올라갈 것이고 이는 다시 학업에 대한 내적동기 강화로 이어진다는 생각이 들면서 '학습 전략'과 '내적동기'가 연결됐기 때문이다.

또한 같은 교육심리학이 아닌 다른 과목과의 연결도 가능하다. 가령 외적동기는 교육사회학에서 다루는 '기능론'과 연결할 수도 있다. 기능론은 학교의 사회적 선발 기능을 중요시하므로 시험과 같은 공정한 선발 과정을 거쳐 사회적 지위를 배분한다는 관점을 갖는다. 우리도 모두 학교를 다녔기 때문에 수능과 같은 시험이 우리 인생에 차지하는 비중이 얼마나 큰지 안다. 그래서 좋은 성적과 좋은 사회적 지위, 즉 보상을 얻기 위해 공부를 해 왔고 지금도 임용합격을 위해 공부한다. 어떤가? 기능론적 관점에서 외적동기에 의해 공부했던 우리의 모습이 떠오르지 않는가? 서로 다른 과목의 개념일지라도 이렇게 어떤 현상에 대입해 보면 그 현상을 교육적으로 더 깊게 해석할 수 있다는 것도 개념 연결의 장점이다.

지금까지 개념 연결의 조건을 알아봤다. 첫 번째 조건인 열린 마음은 마음만 달리 먹으면 되는 것이므로 그다지 어렵지는 않다. 중요한 것은 '도식'과 '질문'이다. 도식 형성은 개념 연결을 위해서만 필요한 게 아니라 암기, 인출, 논술 작성 등에서도 중요한 요소다. 1회독 때는 각 개념을 이해하느라 세세한 도식을 만들기 어려울 수 있으니 앞에서 봤던 도식 ①, ②번 수준으로 만들거나 2회독부터 본격적으로 도식 만드는 작업을 시작해도 괜찮다. 이렇게 도식을 갖춘 상태여야 "이 개념이 어떤 개념과 연결될 수 있을까?"라는 질문에 연결 지점을 찾을 수 있다는 것을 기억하자.

3) 개념 연결의 유형

개념 연결은 크게 세 유형으로 나눌 수 있다. 과목 내의 개념을 연결하는 과목 내 연결, 과목 간 떨어져 있는 개념을 연결하는 과목 간 연결, 그리고 과목을 아우르는 학문과 또 다른 학문의 개념을 연결하는 학문 간 연결. 이렇게 셋이다. 그럼 과목 내 연결부터 알아보자.

(1) 과목 내 연결

과목 내 연결이란 과목 내에 있는 개념끼리 연결하는 방법을 말한다. 예를 들어 과목으로 교육철학을 잡는다면 교육철학 내의 개념끼리 연결하는 방법인데, 앞에서 잠깐 다뤘던 자연주의, 프래그머티즘, 진보주의와 같은 개념들을 어떠한 공통성이나 관련성으로 연결시키는 방법을 말한다. 이왕 말이 나왔으니 이 세 개념이 어떻게 연결될 수 있는지 살펴보자.

[자연주의 교육의 특징(루소의 교육론을 중심으로)]

자연주의란 인간의 인위적인 조치가 가해지기 이전의 자연(nature)이 인위적인 조치의 결과인 문화/문명(culture)보다 완전하고 우월하다고 보는 입장이다. 이에 따라 인위적인 개입은 최소화하고, 아동의 발달단계의 특징에 따라 자연스럽게 성장하는 소극적 교육을 주장한다. 교사나 부모, 국가의 의지나 요구가 아니라 학습자의 욕구 및 흥미가 중시되어야 하며, 따라서 교육은 학습자가 자신의 욕구나 관심에 따라 자발적으로 사고하고 행동하도록 돕는 과정이다.

『K교육학』, 고려대학교 교육문제연구소, 박영story, 2018, 124쪽

철학에서도 전통철학에 속하는 자연주의는 인위적 개입을 최소화하기 때문에 교육에서 교사의 의지가 아니라 학습자의 욕구 및 흥미를 중시한다. 이와 관련하여 다음에 볼 프래그머티즘과 어떤 연관성이 있는지 살펴보자.

[프래그머티즘 교육의 특징]

- 교육목적은 개인적·사회적인 삶 속에서 새로운 것에 대처하기 위한 경험, 즉 문제해결능력을 학생들에게 제공하는 데 있다.

- 교육목적은 교육을 받을 아동과 공동으로 협의하여 정해야 할 것이지, 교사나 당국자가 밖으로부터 제시하는 것이 되어서는 안 된다.

- 교사는 수업활동의 참여자로서 아동의 학습 활동(경험)을 안내하고 원조하는 역할을 수행하여야 한다.

- 교수는 아동 중심이어야 한다. 즉, 아동이 현재 지니고 있는 욕구, 흥미, 그리고 능력을 최대한 고려하여야 한다.

『이경범교육학 Ⅰ』, 이경범, 참교육과미래, 2009, 576~577쪽 부분 발췌

프래그머티즘도 성인 위주가 아닌 아동 중심의 교육관을 지닌다. 지식을 주입시키는 것은 더 이상 교육이 아니라 보았으며 학생들이 자신의 삶과 밀접한 경험을 재구성하며 반성적으로 사고하고 성장하는 과정을 교육의 참모습이라 여겼다. 따라서 교육목적과 내용 또한 아동과 함께 협의해야 하며, 아동의 흥미와 욕구, 능력을 고려하여 가르쳐야 한다고 주장한다.

어떤가? 세세하게 들어가면 차이가 있겠지만 자연주의와 프래그머티즘 모두 '학습자 중심'이라는 공통점을 갖지 않는가? 이어서 진보주의 철학도 살펴보자.

[진보주의 철학의 교육 특징(듀이의 교육론을 중심으로)]

- 진보주의 교육 철학은 실용주의(Pragmatism) 철학과 심리 · 과학주의 등을 배경으로 하여 생활중심교육, 경험중심교육, 아동중심교육을 주장한 교육 철학 이론으로 20세기 교육 철학을 대표하는 이론이라 할 수 있다.

- 진보주의에서는 아동 · 학생들의 경험을 중시하며, 급변하는 사회에 적응하기 위하여 학생들이 다양한 경험을 가질 수 있도록 한다.

- 진보주의에서는 아동의 필요나 흥미 · 욕구 등을 중시하며, 이러한 아동의 필요 · 흥미를 이용한 학습지도법을 주장한다.

『이경범교육학 Ⅰ』, 이경범, 참교육과미래, 2009, 579~582쪽 부분 발췌

진보주의는 프래그머티즘 철학을 배경으로 한다. 따라서 학생들의 경험과 흥미, 욕구를 중시하는 교육관도 프래그머티즘과 비슷하다.

결국 정리해 보면 '자연주의'나 '프래그머티즘'이나 '진보주의'나 학생 중심의 교육관이고 학생의 흥미나 필요, 욕구를 중시한다는 것을 공통점으로 잡을 수 있다. 이런 통찰을 얻으면 공부의 양 및 암기에 대한 부담이 확 줄

어든다. 개념 연결을 통해 공통분모를 찾았기 때문에 공통분모의 수만큼 각각의 개념마다 이해, 암기, 인출에 들이는 시간을 줄일 수 있기 때문이다.

(2) 과목 간 연결

과목 내 연결이 같은 과목 내의 개념끼리 연결하는 방법이라면 과목 간 연결은 교육철학과 교육과정처럼 서로 다른 과목에 있는 개념을 연결하는 방법이다. 아래 두 자료를 보자.

[교육철학- 진보주의 교육철학]

① 진보주의는 아동을 계속적으로 성장하게 하는 교육을 통해 미국사회가 이루어 온 진보와 발전을 계속해 갈 수 있다고 믿었던 교육사상이다.
② 아동은 경험을 통해 실생활에 필요한 지식을 획득하게 되므로 교육은 생활에 직접 적으로 관계있는 것이어야 한다.
③ 학습은 아동의 흥미를 끌 수 있는 문제해결 위주로 진행되어야 한다. 예로서 킬 패 트릭이 제안한 구안법(project법)이 있다.
④ 학습은 아동의 흥미와 직접적으로 관련된 것이어야 한다.

『함께하는 교육학 下』, 전태련, 도서출판 cambus, 2016, 502~503쪽 부분 발췌

[교육과정 - 경험중심 교육과정]

경험중심 교육 과정의 특징

① 기본 목적은 경험의 개조를 통해 아동의 계속적 성장을 돕는 것이다.
② "학교의 지도하에 학생들이 가지게 되는 모든 경험"을 교육 과정이라고 본다.

③ 수업은 완결 짓는 데 비교적 긴 시간이 소요되는 과제, 즉 프로젝트를 중심으로 조직된다.

④ 활동형 교육 과정은 학습자의 흥미와 욕구 등에 기초하여 학습 경험을 선정하고 조직하는 형태이다. 이와 같은 형태로 조직되는 활동형의 예로는 킬페트릭이 주장한 구안법(project법)을 들 수 있다.

『함께하는 교육학 下』, 전태련, 도서출판 cambus, 2016, 124~125쪽 부분 발췌

두 개념 간에 이질감이 느껴지지 않는 이유는 경험중심 교육 과정이 진보주의 교육철학을 배경으로 하기 때문이다. 따라서 진보주의 교육철학의 특징인 '① 계속적인 성장, ② 경험 중시, ③ 프로젝트중심(구안법), ④ 흥미 존중'은 경험중심 교육과정의 특징과 맞닿는다.

이번엔 서로 배경 관계를 갖지 않는 개념도 연결해 보자. '교육사회학' 개념과 '교육과정' 개념을 준비해 봤다. 아래의 자료를 보며 교육사회학의 '교육에 대한 갈등론적 입장'과 교육과정의 '잠재적 교육과정'을 어떻게 연결할 수 있을지 생각해 보자.

[교육사회학 - 교육에 대한 갈등론적 입장]

갈등론에 의하면 학교는 지배집단에 유리한 기존 질서를 유지하는 데 기여하여 사회의 불평등 구조를 유지·심화시키는 역할을 한다. 학교의 교육내용은 보편적이고 객관적인 것이 아니라 지배계급의 이데올로기를 담고 있는 편협한 것이며, 지적 능력의 함양보다는 지배집단이 선호하는 가치·태도·규범 등을 주입하는 데에 치중하는 점을 들고 있다.

『교육학 논술의 패러다임』, 권구현, 밝은내일, 2017, 128쪽 발췌 수정

[교육과정 - 잠재적 교육과정]

잠재적 교육 과정은 공식적 교육 과정의 범위를 벗어난 영역에서 학생에게 나타나는 결과나 경험을 말하는데, 공식적으로 반복 학습한 적이 없고 강화물도 제공되지 않았는데 갖게 되는 사고, 판단, 태도 등이 이에 해당한다.
잠재적 교육 과정의 예를 들자면 교과서의 내용을 몇몇 집단에게 유리하도록 왜곡하거나 은폐시키는 경우, 혹은 계층에 따라 다른 내용, 성향, 가치관을 강조하거나 성차별을 유발하는 가부장적 이데올로기를 전달하는 경우를 들 수 있다.

『교육학 논술의 패러다임』, 권구현, 밝은내일, 2017, 324, 326쪽 발췌 수정

갈등론은 학교를 이데올로기 및 지배집단의 가치와 규범 등을 주입시켜 기존의 불평등한 사회구조를 유지·심화시키는 역할로 바라보는 개념이다. 한편, 잠재적 교육과정은 학교에서의 은밀한 주입과 영향으로 학생들이 갖게 되는 사고, 판단, 태도 등을 말하는데 이 두 개념은 다음과 같이 연결될 수 있다.

"갈등론적 입장에서 보면 지배집단은 잠재적 교육과정을 이용해 그들의 성향과 가치관을 은밀히 주입하여 불평등한 사회구조를 유지시키고 있구나!"

갈등론에서 지배집단을 주체로, 잠재적 교육과정을 도구로, 사회 불평등 구조를 결과로 바라봄으로써 두 개념을 밀접한 관계로 연결할 수 있게 됐다. 이렇게 개념을 연결하다 보면 교육현상을 바라보는 안목도 넓어지고 더 전문적으로 깊이 들여다볼 수 있게 된다.

(3) 학문 간 연결

마지막으로 '학문' 간 연결을 다룰 차례다. 이 책에서 말하는 학문이란 '교육학'처럼 교육철학, 교육심리, 교육사회학과 같은 과목을 총체적으로 아우르는 용어를 말한다. 따라서 학문 간 연결이란 서로 다른 학문 간의 연결, 즉 교육학과 전공, 교육학과 교육과정(총론 및 교과 교육과정), 전공과 교육과정 간의 개념 연결을 말한다. 먼저 교육학과 교육과정(총론) 간 연결을 살펴보자.

[2015년 초·중등학교 교육과정 총론(교육부고시 제2018-162호)]

III. 학교 교육과정 편성·운영

3. 평가

가. 평가는 학생의 교육 목표 도달도를 확인하고 교수·학습의 질을 개선하는 데에 주안점을 둔다.

1) 학교는 학생에게 평가 결과에 대한 적절한 정보 제공과 추수 지도를 통해 학생이 자신의 학습을 지속적으로 성찰하고 개선할 수 있도록 지도한다.

2) 학생 평가 결과를 활용하여 수업의 질을 지속적으로 개선한다.

나. 학교와 교사는 성취기준에 근거하여 학교에서 중요하게 지도한 내용과 기능을 평가하며 교수·학습과 평가 활동이 일관성 있게 이루어지도록 한다.

2) 학습의 결과뿐만 아니라 학습의 과정을 평가하여 모든 학생이 교육 목표에 성공적으로 도달할 수 있도록 한다.

"위 내용을 읽고 교육학의 어떤 개념들이 떠오르는가?"

필자는 두 가지 개념이 떠올랐다. 하나는 형성평가며 다른 하나는 수행평가다. 또한 형성평가가 최근 교육학 논술시험(2014, 2016)에서 왜 두 번이나 나왔는지도 의문이 풀렸다. 우리나라 교육의 방향을 담은 교육과정 총론에서조차 이렇게 강조를 하고 있었으니 당연히 낼 수밖에 없었던 것이다. 아래 박스는 형성평가와 수행평가에 대한 수험서 내용이다. 교육과정 총론 내용과 비교해 보자.

[교육평가 - 형성평가]

형성평가의 기능

- 형성평가는 학생들에게 충분한 학습이 이루어진 것은 무엇이며, 목표 도달을 위해 부족한 부분이 무엇인지 시기적절한 피드백을 제공함으로써 학습행동을 강화하는 기능을 한다.

- 형성평가의 결과는 학생의 학습에 도움을 주기 위해 활용될 뿐 아니라 교사의 교수방법 개선에도 크게 이바지한다. 이를 위한 방법으로는 우선 형성평가의 각 문항에 반응한 오류를 분석하고 종합하는 일이다. 어느 검사 문항에 소수의 학생이 오류를 했다면 학생 개인의 오류겠지만 대부분의 학생(ex. 70% 이상)이 오답을 하고 있다면, 교사의 교수방법에 문제가 있으리라는 것을 짐작할 수 있다.

『함께하는 교육학 上』, 전태련, 도서출판 cambus, 2016, 480~481쪽 발췌 수정

[교육평가 - 수행평가]

수행평가의 특징

- 결과뿐 아니라 과정도 평가: 주어진 답지들 중에서 정답을 고르게 하는 선택형 검사에서는 결과만을 볼 뿐 그러한 결과에 도달하기까지 어떠한 과정을 거쳤는지 알수가 없다. 그러나 수행평가와 같이 스스로 답을 직접 작성하거나 또는 수행하게 하면 문제해결의 과정과 결과를 타당하게 파악할 수 있다.

『함께하는 교육학 上』, 전태련, 도서출판 cambus, 2016, 486쪽 발췌 수정

총론의 내용과 교육학에서 다루는 형성평가, 수행평가 내용이 일치함을 확인할 수 있다. 명칭만 언급하지 않았을 뿐 총론에서는 형성평가와 수행평가를 사용하라는 안내를 하고 있는 것이다. 혹시나 내가 잘못 생각한 건 아닌지 객관적으로 확인하고 싶어 교육 과정 총론 해설서도 뒤져 보았는데 해설서에서도 이 부분과 관련하여 형성평가와 수행평가를 언급하고 있었다.

---

* 2015년 개정 교육과정 총론 해설서(중·고등) 152~155쪽 참조. 내용이 많아 카페에 총론 해설서 자료를 올렸습니다(http://cafe.naver.com/gongbuskill/6835).

그럼 또 교육학과 교육과정이 어떻게 연결될 수 있는지 살펴보자.

[2015년 초·중등학교 교육과정 총론(교육부고시 제2018-162호)]

Ⅲ. 학교 교육과정 편성·운영

2. 교수·학습

가. 학교는 교과목별 성취기준에 따라 다음과 같은 사항에 중점을 두고 교수·학습이 이루어지도록 한다.

2) 각 교과의 핵심 개념과 일반화된 지식 및 기능이 학생의 발달 단계에 따라 그 폭과 깊이를 심화할 수 있도록 수업을 체계적으로 설계한다.

3) 학생의 융합적 사고를 기를 수 있도록 교과 내, 교과 간 내용 연계성을 고려하여 지도한다.

"2), 3)을 보면 교육학(교육과정)의 어떤 개념들이 떠오르는가?"

필자의 경우 2)에서는 학문중심 교육과정의 '나선형 교육과정'이 떠올랐고, 3)에서는 경험중심 교육과정의 '중핵형 교육과정'이 떠올랐다. 왜냐하면 2)에서 '발달 단계에 따라 폭과 깊이를 심화'라는 말은 나선형 교육과정을, 3)에서 '교과 내, 교과 간 내용 연계성을 고려하여 지도'라는 말은 특정 내용이나 문제를 중심으로 교육과정을 조직한 중핵형 교육과정을 연상시켰기 때문이다.

[교육과정 - 나선형 교육과정]

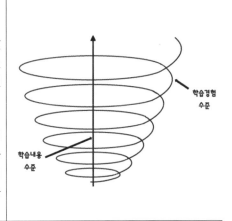

나선형 교육과정

· 기본개념과 원리를 학습자의 발달단계에 따라 질적으로 심화되고 양적으로 취급범위가 넓어지도록 조직하는 형태를 말한다.

· 예를 들어, 사회과의 기본 개념인 '협동'의 경우 유치원에서는 '함께 공굴리기'에, 중등학교에서는 '국가 간의 무역'에 적용되는 식으로 범위가 심화·확대된다.

『ET 김인식 교육학 논술개념잡기(하)』, 2013, 김인식, 박문각에듀스파, 184쪽 내용 발췌/
『함께하는 교육학 下』, 전태련, 도서출판 cambus, 2016, 129쪽 내용 발췌, 그림은 직접 제작)

중핵형 교육과정

> - **중핵형**이란 특정한 내용이나 문제를 중심으로 하고 관련된 부분을 주변영역으로 하여 이를 동심원적으로 조직한 형태의 교육 과정이다.

- 중핵형의 유형으로는 '교과중심의 중핵형'이 있는 데 이는 중핵요소를 교과의 범주에서 찾아 여러 교과들을 통합하려는 형태이다. 예를 들어 문화 중심의 중핵형이라면 문화사를 중심으로 하고 연 관되는 정치, 경제, 사회, 문화, 예술 등의 교과들 을 연관시킨다.

『함께하는 교육학 下』, 전태련, 도서출판 cambus, 2016, 125쪽 발췌 수정, 그림은 직접 제작

이처럼 교육학과 교육과정(총론, 교과 교육과정)도 찾아보면 연결할 수 있는 포인트들이 군데군데 숨어 있다. 마찬가지로 전공 개념도 교육과정에 군데군데 숨어 있다. 그러니 교육과정을 무작정 외우려고만 하지 말고 이 문구를 왜 넣었을지 교육적으로 생각해 보자. 교육과정에 숨어 있는 교육학과 전공 개념을 발견할 수 있을 것이고 딱딱하기만 했던 교육과정이 조금은 더 친근하게 보일 것이다.

여러분들도 발견의 재미와 통섭의 기쁨을 누리길 바라며 마지막으로 교육학과 전공 간 개념 연결을 다뤄 보겠다. 필자의 전공이 '특수'이므로 특수교육학 개념을 가져왔다. 본인 전공이 아니더라도 전혀 어려운 개념이 아니니 부담 갖지 말고 교육학과 전공개념이 어떻게 연결될 수 있는지도 보자. 교육학에서 다룰 개념은 비고츠키 이론의 '비계설정(scaffording)'이다.

[교육심리 - 비계설정]

(1) 개념

① 발판 제공: 비계(scaffolding)는 원래 고층건물을 지을 때 인부들이 올라설 수 있도록 받치는 발판을 의미하며, 비계설정이란 이 발판을 세우는 것을 말한다.

② 교수적 도움 제공: **비계설정**은 아동의 근접발달영역 내에서의 효과적인 교수학습을 위해 **교사가 아동과의 상호작용 중 도움을 적절히 조절하여 제공하는 것**을 의미한다. 이는 어떤 작업을 수행하는 학습자들을 도와주는 단순한 역할이 아니라 **학습자 스스로 할 수 없는 작업을 수행해 내도록 도와주거나, 학습자 스스로 어떤 작업을 완성할 수 있도록 이끌어 주는 것**이다.

『함께하는 교육학 上』, 전태련, 도서출판 cambus, 2016, 40쪽 발췌 수정

학생이 스스로 과제를 할 수 있는 수준까지 도달하기 위해 인지적 발판을 제공하며 도움을 주는 방법이 바로 비계다. 사견이지만 '비계'를 처음 접했을 때 학습부진에 가까운 나를 가르쳐 주셨던 은사님께서 자주 사용한 교수기법이어서 내게는 더 각별한 개념으로 다가왔다. 헌데, 이 개념은 교육학에서만 볼 수 있는 게 아니라 필자의 전공과목인 특수교육학에서도 자주 보이는 개념이다. 다음의 내용을 보자.

비계교수는 아동이 과제를 학습하는 동안 일시적으로 구조화나 지원을 제공한 후 점진적으로 그러한 지원을 감소시켜 궁극적으로는 독립적인 수행이 가능하게 도와주는 방법으로 읽기, 쓰기, 수학 등의 학습에 효과적으로 사용될 수 있다. 다음 그림은 분수 덧셈 학습에서 다양한 수준의 비계교수를 적용한 예를 보여 주고 있다.

〈비계교수를 적용한 분수 학습 교재의 예〉

$$\frac{1}{2} + \frac{1}{3} = \frac{3}{6} + \frac{2}{6} = \frac{\square}{6}$$

$$\frac{1}{2} + \frac{1}{3} = \frac{3}{6} + \frac{\square}{6} = \frac{\square}{6}$$

$$\frac{1}{2} + \frac{1}{3} = \frac{\square}{6} + \frac{\square}{6} = \frac{\square}{6}$$

$$\frac{1}{2} + \frac{1}{3} = \frac{\square}{6}$$

『특수아동교육 3판』, 이소현/박은혜 공저, 학지사, 2011, 134~135쪽

특수교육학 학습장애 과목에서 자주 사용되는 '비계교수'에 대한 내용이다. 전공과 무관하더라도 초등학교 수학 교과서나 자습서, 학습지 등에서도 위의 방법과 같은 비계, 즉 '□'을 활용한 예를 봤을 것이다. 이렇듯 비계는 교육이 이루어지는 어떤 환경에서든 시각적으로나 언어적으로 우리에게 다양한 형태로 도움을 주고 있다. 다만 그게 비계였는지 몰랐을 뿐이다. 아마 여러분의 전공 교과에서도 교수 방법의 한 부분으로 사용되고 있을 것이다. 이렇듯 교육학 개념은 내 일상과 내 전공에 연결될 수 있는 포인트가 많으니 마음을 열어 두고 어떤 개념이 연결될 수 있을지 생각해 봐야 한다. 그래야 공부가 즐겁다.

마무리를 하며

　지금까지 과목 내, 과목 간, 학문 간 연결에 대해 알아보았다. 연결이라는 것이 처음엔 어색하고 귀찮고 마음먹은 만큼 되지 않겠지만 임용에서 다루는 모든 개념은 '교육'이라는 큰 뿌리에서 비롯되어 세분화되었다는 점을 상기하며 개념 연결을 통해 통섭의 기쁨을 조금씩 느끼길 바란다. 개념 연결이 활발히 일어날수록 사고의 유연성과 통합형 문제에서의 문제해결능력을 강화시키는 데 도움이 될 것이다.

한눈에 정리하기

개념 연결

1. 연결하라 그럼 부담이 줄어든다
- 학습 부담 감소
- 통합적 사고 촉진
- 기억 연쇄 작용
- 개념 이해 도움

2. 개념 연결의 조건
- 열린 마음
  - 개념은 서로 연결된다
- 도식 만들기
  - 도식으로 개념 연결 통로 만들기
- 질문 던지기
  - 어떤 개념과 연결될 수 있을까?

3. 개념 연결의 유형
- 과목 내 연결
  - 동일 과목 내의 개념들을 연결
- 과목 간 연결
  - 다른 과목 간의 개념들을 연결
- 학문 간 연결
  - 다른 학문 간의 개념들을 연결

예습 · 복습

노력이 지겨워질 때조차 한 걸음 더 나아가도록
자신을 독려할 수 있는 사람이 승리를 거머쥔다.

- 로저 배니스터 -

예습 · 복습	**1. 예 습**	• 예습은 15분 이내로
		• 목적 지향적 예습
		– 기출 문제로 방향 잡기
		• 기출문제 활용 예습법
		– 교재 훑기
		– 기출문제 확인
		– 기출포인트 짚기
		– 교재에서 기출포인트 찾기
		– 교재에 기출포인트 표시하기
		• 예습 시기
		– 최적 시기는 전날 밤
	2. 복 습	• 1차 복습
		– 쉬는 시간에
		• 2차 복습
		– 우선순위 설정
		– 보충자료 활용
		– 적절한 스킵
		– 마인드맵 or 목차
		• 3차 복습
		– 잠자기 전, 다음 날 아침
		• 4차 복습
		– 주말에
		– 이해 못한 개념 다시 공부
		– 메가 마인드맵

학창시절부터 예습과 복습의 중요성에 대해서는 귀에 딱지가 앉도록 주구장창 들어왔을 것이다. 나도 구태의연하게 일반적인 얘기를 또 하고 싶지는 않다. 그저 임용시험에 적합한 형태로 효율적인 예습·복습 형태를 취하고 있는지 점검하라는 의미에서 이번 편을 읽어 봤으면 한다.

1) 예습

(1) 예습은 15분 이내로

예습의 뜻은 '앞으로 배울 것을 미리 익힘'인데 초보자들은 이 '익힘'에 너무 많은 의미를 부여한다. 본 공부와 다를 바 없이 예습을 1~2시간씩 해 버리니 말이다. 예습에서는 그렇게 힘을 뺄 필요가 없다. 강의를 수강하고 있다면 한 강의당, 독학을 한다면 한 단원당 15분이면 족하다. 그 이상을 투자하면 그건 예습이 아니라 본 공부에 가깝다.

(2) 목적 지향적 예습

임용공부에서 요구되는 예습이란 '스캔'이다. 즉, 공부할 범위를 훑어보면 된다는 소리다. 강의를 듣는 사람은 강의 진도만큼 교재를 훑어보면 되고, 독학을 하는 사람은 공부할 범위만큼 교재를 훑어보면 된다.

오늘 공부할 내용은 어떤 주제를 다루는지, 그 주제가 품고 있는 개념들은 무엇인지, 내용 체계는 어떻게 구조화됐으며, 어떤 전개 방식으로 흘러가는지를 보면 된다. 개념 하나하나를 세부적으로 바라보는 것은 예습이 아니라 그냥 공부다. 예습에서는 굳이 그럴 필요가 없다. 소설책 읽듯이 가볍게 스쳐지나가며 대강 어떤 내용을 다루고 있는지를 파악하면 그만이다. 여기까지는 누구나 아는 일반적인 예습 방법인데 지금부터가 중요하다. 합격을 위한 예습 방법으로 필수 요소가 있으니 그건 바로,

'기출 확인하기!'

교재만 보지 말고 기출문제도 함께 보자. 오늘 공부할 진도와 관련된 기출문제만 살펴보면 된다. 가령 이번 주는 교육심리를 공부할 예정이고 오늘은 인지발달 단원을 공부할 계획이라면 인지발달과 관련된 기출문제만 살펴보면 된다. 꼭 문제를 완벽하게 풀 필요는 없다. 그냥 살펴만 봐도 된다. 오늘 공부할 범위에서는 어떤 개념을 중요시하는지, 어떤 문제형식으로 출제하는지, 기존에 출제된 개념을 어떻게 심화·확장해 가며 문제로 만드는지 정도만 파악하면 된다.

그럼 왜 예습을 할 때 기출문제를 함께 보는 걸까? '목적 지향적'으로 공부하기 위해서다. 맛집을 찾아갈 때 위치도 찾아보지 않고 무작정 길을 나서는 사람은 없을 것이다. 그런데 우리는 공부를 할 때 그냥 무작정 공부한다. 아무 목적도 없이. 이건 분명 잘못됐다. 어떤 개념이 중요한지 가늠도 못하고 공부하는 건 비효율적인 방법이다. 한 권의 책은 보통 300~500쪽으로 구성되어 있지만 그 내용이 다 시험에 나오는 건 아니다. 그러니 기출문제로 어떤 개념이 출제되는지를 예습 과정에서 확인해야 한다.

(3) 기출문제 활용 예습법

* 강의를 듣는 중이라면 교재는 강사 수험서를 말한다. 강의를 듣고 독학을 하는 중이라면 교재는 강사 수험서 및 각 과목별 대표 전공서를 말한다.

첫째, **교재 내용을 5분 정도 훑어본다**. 단원의 목차가 있다면 목차부터 살펴보고 단원의 서론을 읽으며 오늘 다룰 전반적인 주제가 무엇인지를 살펴본다. 또한 책을 빨리 넘겨보면서 이번 단원이 어떤 개념들로 구성되어 있는지, 어떤 그림·표·그래프 등이 있는지 대략적으로 살펴본다.

둘째, **교재 내용에 해당하는 기출문제를 살펴본다**. 가령 오늘은 교육심리에서 인지발달 단원을 공부할 예정이라면 기출문제집에서 인지발달에 관한 문제, 즉 피아제나 비고츠키 이론을 다룬 문제만 살펴본다. 1~2회독 시기라면 진지하게, 열심히 풀 필요는 없다. 가볍게 풀어 보고 어려우면 "공부하고 나서 다시 풀어 보지 뭐."라는 생각으로 접근하면 된다.

셋째, **기출포인트를 짚는다**. 공부하려는 단원 또는 이론(개념)에 관한 기출문제들을 쭉 살펴보면서 기출개념에서도 어떤 내용을 시험문제로 내는지 확인한다. 예를 들어 에릭슨 이론과 관련된 기출문제들을 보면 ① 발달 단계 특징, ② 발달 단계 위기, ③ 발달 단계 덕목, ④ 심리적 유예기 ⑤ 자아정체감 확립을 기출포인트로 짚을 수 있다.

넷째, **교재에서 기출포인트를 찾는다**. 강의를 듣고 있다면 강사 교재(수험서)에 기출포인트와 직결되는 내용이 어디 있는지 찾는다. 독학을 하고 있다면 강사 교재에서 우선적으로 기출포인트 내용을 찾되, 설명이 없거나 부족한 기출포인트 내용은 전공서에서도 찾아본다.

다섯째, **기출포인트를 표시한다.** 단원 목차나 기출포인트를 설명하고 있는 부분에 해당 기출문제가 몇 년도 몇 번 문제에서 출제됐는지 적어 둔다. 이렇게 하면 공부를 하다가도 기출문제를 다시 확인하고 싶을 때 빠르게 찾을 수 있고, 전체적으로 과목을 한 바퀴 끝내고 다시 돌아와 시작할 때도 과목(단원)마다 기출포인트를 쉽게 파악할 수 있다.

앞에서도 말했지만 예습에 너무 많은 시간을 투자하면 본 공부할 때 힘이 빠진다. 그러니 예습은 가능하면 15분 이내로 끝낼 것을 권하며 시간 내에 예습을 다 하지 못했어도 그냥 넘어가자. 못 본 부분은 본 공부할 때 더 신경 쓰면 되니까. 그리고 위에서 제시한 기출활용 방법은 처음부터 모두 적용하기 벅찰 수 있으므로 조금씩 단계를 나눠 적용해 보는 연습을 해도 된다. 가령 다음 주까지는 2단계까지 적용해 보고 그 다음 부터는 5단계까지 적용해 보는 식으로 점차 늘려 나가면 된다.

(4) 예습 시기

예습은 언제 하는 게 좋을까? 이상적인 시간은 전날 밤, 그것도 잠자기 전이다. 왜 그런지 아래 실험 사례를 보자.

2004년 독일 뤼벡대학의 본 박사가 이끄는 연구팀은 과학 전문잡지 〈네이처〉에 매우 흥미로운 연구 결과를 발표했다. 박사팀은 피실험자 66명에게 수학적인 '번득임'이 필요한 퍼즐을 풀게 했다. 그리고 퍼즐을 풀지 못한 사람, 즉 '번득임'이 부족한 사람만을 모아서 다음의 A, B, C 세 그룹으로 나누었다.

> 그룹 A: 아침에 문제를 보고 그대로 8시간 동안 생각한다.
> 그룹 B: 밤에 문제를 보고 그대로 밤을 새워 8시간 동안 생각한다.
> 그룹 C: 밤에 문제를 보고 그대로 8시간 동안 잠을 잔다.

그리고 8시간 경과 후 각 그룹별로 다시 퍼즐 풀이에 도전하게 했다. 결과는 어떻게 됐을까? 놀랍게도 8시간 동안 잠을 잔 그룹 C의 피실험자들은 잠을 자지 않은 그룹 A와 B에 비해 3배 가까운 높은 비율로 퍼즐을 풀 수 있었다. 구체적으로는, 그룹 A와 B는 20점 정도밖에 받지 못했는데 8시간 동안 잠만 잤던 그룹 C는 무려 60점이나 받았다.

> 왜 이런 일이 일어났을까?

본 박사 팀은 '잠자기 전에 부과된 퍼즐 문제는 잠을 자는 동안에 새로운 기억으로 정리되고 뇌에 각인되며, 정리 과정에서 과거에 축적된 정보와의 무작위 조합, 즉 상호작용에 의해 잠에서 깼을 때는 생각지도 못한 답(번득임)을 이끌어 내는 것이라는 결론을 내렸다.

『잠자기 전 30분』, 다카시마 데쓰지 지음, 홍성민 옮김, 티즈맵, 2008, 53~55쪽 수정 발췌

　잠은 학습에 결정적인 요인이다. 잠을 자야 학습 내용을 저장하고, 정리하고, 기존 지식과 연결할 수 있다. 이 원리를 예습에 활용해 보면 어떨까? 잠자기 전에 다음 날 공부할 교재 내용을 10분 정도 미리 훑어보고 자는 것이다(잠자기 전 예습은 가볍게 교재 내용만 훑어보는 정도로 끝내도 된다. 기출문제를 활용한 예습은 본 공부 직전에).

　예습 내용은 새로운 정보이므로 이 정보를 편하게 받아들이려면 잠이라는 과정을 통해 숙성시켜야 한다. 잠을 자면 이 새로운 정보가 무의식적

인 과정을 거쳐 기존 배경지식들과 연결되기 시작한다. 기존지식과 새로운 정보가 연결되면 될수록 다음 날 새로운 정보를 이해할 가능성이 높아진다. 그러니 예습을 한다면 잠깐의 시간을 투자해 전날 밤에 해 보면 어떨까? 잠을 자는 동안 우리의 뇌가 새로운 정보를 받아들일 준비를 하니 다음 날 공부를 할 때 이해와 학습 속도를 높일 수 있으니 말이다.

2) 복습

복습하면 '공신닷컴'을 운영하는 공신 강성태의 명언이 떠오른다.

"한 번 본 건, 안 본 거야."

무릎을 탁 치게 만드는 명언이다. 한 번 본 건, 안 본 거란다. 왜 그렇게 말했을까? 인간은 망각의 동물이기에 복습을 거치지 않으면 애써 공부한 개념을 장기 기억으로 전환시키지 못하고 잊어버리기 때문이다. 공부를 한 번이라도 한 입장에서는 억울하지만 우리 뇌가 그런 걸 어쩌겠는가. 하지만 너무 억울해하지 말자. 공부만 그런 게 아니라 모든 분야가 다 비슷하니까.

축구 경기를 봤다고 곧바로 축구 실력이 좋아지는가? 요리 프로그램을 봤다고 요리 실력이 곧바로 좋아지는가? 아니다. 직접 '해 봐야' 한다. 전문가들의 모습을 하나하나 작은 동작으로 잘라 그 동작들을 직접 해 보며 반복해야 실력이 조금씩 나아지는 것이지 눈으로만 본다고 실력이 상승하는 것은 아니다.

강의를 들으면 강사가 설명해 준 개념을 완전히 이해했다고 착각하게 되는 경우가 많은데 그건 정말 착각이다. 강사가 여러분들의 단기 기억에 개념을 넣기 쉽게 떠먹여 준 것이므로, 우리는 복습을 통해 개념을 직접 씹어 먹는 과정을 거쳐야 한다. 그래야 애써 공부한 개념을 장기 기억으로 전환시킬 수 있다. 그렇지 않고 그대로 책을 덮어 버리면 단기 기억에 잠깐 머물렀던 지식들은 머릿속에서 이내 곧 날아가 버리고 만다. 그럼 복습은 어떻게 하면 될까?

(1) 1차 복습 - 쉬는 시간에 2분

일일 계획만큼 강의 또는 독학을 마쳤다면 쉬는 시간에 방금 전 공부했던 내용들을 가볍게 2분만이라도 살펴보자. 그게 남들과의 비교우위를 만들어 주는 '저력(底力)'이다. 강의를 듣거나 독학을 할 때는 개념 하나하나에 집중을 기울여야 하므로 개념과 개념 간 위계를 나타내는 구조까지 확립하기는 어렵다. 구조를 갖춰야 각각의 개념을 더 잘 기억하고 인출할 수 있으므로 1차 복습에서는 이 구조를 머릿속에 그려 보는 것에 중점을 두면 된다. 그렇다고 억지로 외울 필요는 없고 공부한 개념들이 어떤 주제에 따라 나뉘는지 정도만 신경 쓰면 된다. 이렇게 형성한 구조는 2차 복습과 연계되어 개념을 더 탄탄히 받아들이는 데 도움이 된다.

(2) 2차 복습 - 우선순위대로

- 모든 내용을 다 복습할 수는 없다, 우선순위를 정하자!

복습할 시간이 무한정 주어진다면 이런 말도 안 꺼냈다. 복습을 하다 보면 해도 해도 끝나지 않았던 경험이 한 번쯤 있었을 것이다. 그 이유는 복습을 할 때 우선순위를 정하지 않아서다. 1순위부터 3순위까지 우선순위를 정해 놓아야 하루 안에 복습을 끝낼 수 있다.

　* 2차 복습은 강의를 들을 때 사용하는 방법입니다. 독학을 하고 있다면 2차 복습 과정은 필요 없습니다. 1, 3, 4차 복습만 신경 쓰세요. 독학에서는 본 공부로도 충분합니다. 허나 독학할 때 시간 관리가 잘 안 된다면 아래와 같이 우선순위를 나눠 공부해 보세요.

1순위로 삼아야 할 개념은 '기출'개념인데 그중에서도 내게 '관심 있는' 개념이면서도 '이해가 되지 않는 개념'이면 된다. 예습을 하면서 기출문제를 살펴봤다면 어떤 개념이 기출개념인지는 보일 것이다. 그런데 강의를 들어도 잘 이해가 되지 않는 기출개념이 있다면 일단 체크를 해 놓자. 그리고 복습할 때 1순위로 삼고 먼저 공부해 나가면 된다. '관심' 조건을 추가한 이유는 같은 기출개념이라도 내게 더 흥미로운 것을 먼저 공부 대상으로 잡아야 동기가 올라가고 책상에 몸을 붙이기가 쉬워서다.

그럼 2순위로 삼아야 할 개념은 무엇인가? '기출'개념이고 '이해가 되지 않지만' 1순위에 비해 '관심이 덜 가는' 개념들이다. 1순위 개념을 공부하며 열을 올려놨다면 그 기세로 2순위 개념까지 클리어해 나가면 된다. 당부할 점은 복습할 때 꼭 진도 나간 순서대로 공부할 필요는 없다는 것이다. 1순위, 2순위 개념부터 콕콕 짚어 가며 복습을 한 후 여유가 있으면 3순위 개념을 공부하면 된다.

3순위 개념은 '기출에 출제된 적은 없지만' 강사가 새롭게 강조하거나 기출과 관련될 수도 있는 지엽적인 개념들을 말한다. 이런 개념들은 오히려 기출분석을 제대로 하지 않은 수험생들에게 유혹으로 다가오기 쉽다. 아래와 같은 생각 때문에.

"다른 수험생들은 이런 개념은 모를 거야.
남들이 틀릴 때 난 맞힐 수 있도록 공부해 놔야지."

이러면 역으로 당한다. 낯설고 지엽적인 개념만 파다가 정작 중요한 기출개념을 제대로 다루지 못하는 것이다. 본인은 머리를 쓴 것이겠지만 임용 시험에서는 새롭고 낯선 개념을 시험문제로 많이 출제하지 않는다. 많아 봤자 두 문제 내외다. 임용시험문제는 늘 기출을 토대로 반복되고, 심화되고, 확장된다. 합격을 당락 짓는 요소는 누가 더 새로운 개념을 많이 알고 있느냐가 아니라 기출개념을 정확히 이해하고 다양한 문제로 응용, 적용할 수 있는가에 달려 있다. 기출개념만 제대로 공부하고 확장해 나가도 합격선은 거뜬히 넘길 수 있다는 소리다.

넘치는 의욕은 알겠다만 기출에도 나오지 않는 개념을 먼저 공부하느라 정작 중요한 기출개념을 뒷전으로 미루지 말자. 1, 2순위 개념들을 우선순위로 삼고 여유가 있으면 3순위 개념을 다루면 된다. 그리고 정해진 복습 시간 내에 3순위 개념까지 다루지 못할 것 같다면 다음 날 시간이 남을 때나 주말 혹은 다음 회기 때 3순위 개념을 우선적으로 다루면 된다. 당일에 모든 내용을 복습하지 못했다고 질질 끌지 말자. 그럼 다음 날 진도에 지장을 주고 계획이 지연된다.

- 복습할 때는 보충 자료를 활용할 것!

'개념 이해' 편에서도 말했듯 개념을 이해하기 위해선 경우에 따라 보충 자료가 필요하다. 복습을 하는데, 본 교재만으로 이해되지 않는 개념이 있다면 보충 자료를 함께 봐야 한다. 보충 자료는 전공서, 관련 논문, 전공 카페의 질의응답, 인터넷 검색 등을 말한다. 서너 번 읽어도 이해가 안 되는 개념은 내 머리가 나빠서 그런 게 아니라 그 개념을 이해하기 위한 추가 설명이나 배경지식이 부족해서다. 그러니 지문과 씨름하지 말고 보충 자료를 하나라도 더 찾아보자. 이해력 측면에서도 시간 관리 측면에서도 이게 더 낫다.

- 때로는 적절한 스킵도 필요하다

보충 자료를 봐도 이해가 안 되면 과감히 넘기자. 그래야 복습을 정해진 시간 내에 끝마칠 수 있다. 잘 모르겠다고 계속 붙잡고 있으면 하루 계획과 한 주 계획이 엉망이 된다. 우선은 체크해 놓고 넘기되 나중에 2회독, 3회독 시점에 다시 집중적으로 보면 된다. 지금은 이해를 못했더라도 회독 수를 늘릴수록 배경지식과 관련지식이 풍부해지므로 이해할 가능성이 점점 커진다. 괜히 이해도 안 되는 개념 붙잡고 씨름하지 말고 다음 개념을 공부하는 데 힘쓰자.

- 마인드맵 또는 목차 만들기

눈으로만 슥 읽고 지나가면 복습을 했어도 머리에 남는 게 없다. 간단하게라도 복습한 내용을 갖고 도식을 만들어 보자. 복습하는 중간중간 마인드맵이나 목차를 그리면 된다.

수첩이나 메모장에 마인드맵이나 목차를 만들어 놓으면 쉬는 시간, 이동 시간, 밥 먹는 시간과 같은 자투리 시간에 틈틈이 보면서 내가 어떤 개념들을 공부했었는지 떠올리는 인출 연습도 가능하다. 꼭 백지에 써야만 인출 연습인 것은 아니다. 만들어 놓은 도식을 바라보며 어떤 개념을 공부했었고, 그 개념이 무엇이었는지 떠올려 보는 것도 인출 연습이다. 이 과정이 탄탄할수록 7~8월부터 본격적으로 시작하는 암기와 인출에 박차를 가할 수 있다.

1~2회독 시기라면 마인드맵이나 목차를 세부적으로 그리지 않아도 된다. 단원-주제-기출개념의 명칭 정도(예시 참조)로 큼직큼직하게 그리면 되고, 3~4회독 시기라면 여기에 개념마다 핵심 키워드 두세 가지를 넣어 가며 만들면 간이 서브노트로도 활용 가능하다.

〈마인드맵 형태〉

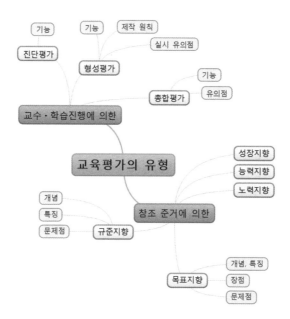

〈목차 형태〉

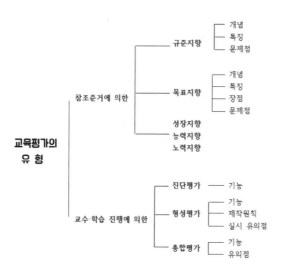

(3) 3차 복습 - 잠자기 전, 다음 날 아침

3차 복습은 2차 복습에서 만든 마인드맵이나 목차를 잠자기 전과 다음 날 아침 살펴보면서 무엇을 공부했는지 다시 상기해 보는 과정이다.

모든 내용을 꼼꼼하게 다시 공부하라는 것은 아니다. 잠자기 전 5~10분 정도 마인드맵이나 목차로 오늘 공부한 내용을 쭉 훑어보면 된다. 그리고 다음 날 아침에 일어나서 마인드맵이나 목차 구조를 토대로 어제 공부한 개념들을 하나둘씩 떠올려 보면 된다. 모든 개념을 떠올리지 못해도 괜찮다. 기출 개념 위주로 떠올려 보고 생각나지 않는 개념은 책을 빠르게 훑으며 확인하면 된다.

1회독 때는 개념의 명칭을 떠올리는 것만으로도 용한 것이니 큰 욕심을 내지 않아도 된다. 2회독부터 서서히 개념을 대표하는 핵심 키워드를 하나둘씩 붙여 가며 떠올리면 된다. 아침이라 졸릴 것 같으면 연습장에 도식이나 개념의 몇몇 키워드를 적어도 좋다.

아침 복습은 가능하면 20분 내외로 제한 시간을 걸어 두고 끝내길 권한다. 그 시간 내에 모든 개념을 점검하지 못해도 그냥 끝내자. 안 그럼 당일 진도에 방해가 된다.

(4) 4차 복습 - 주말에

이 복습까지 마치면 당신은 상위 10% 클래스에 머물 자격이 있다. 4차 복습은 한 주간 공부했던 내용을 주말에 복습하는 것이다. 매일 복습하면서 만들었던 목차나 마인드맵이 있다면 그 내용을 훑으며 한 주간 무엇을 공부했는지 살펴보자. 만약 목차나 마인드맵이 없다면 교재의 목차를 훑어보면 된다. 이 과정은 10분이면 된다.

구조화 자료(목차 또는 마인드맵)를 살펴보면서 끝끝내 이해하지 못한 1, 2순위 개념이 무엇인지 확인한 후 마지막으로 다시 한번 공부를 해 본다. 한 주간 배경지식이 쌓였으니 몇몇 이해하지 못한 개념은 이 시기에 해결이 될 수도 있다. 그래도 이해하지 못하겠으면 다음 회기로 넘기면 된다. 이 과정은 1~2시간 이내로 잡는다.

마지막으로 중요한 과정 하나가 남았다. 메가 마인드맵 제작이다. 메가 마인드맵은 하루하루 작성했던 마인드맵(목차)을 통합시켜 한곳에 일목요연하게 정리한 마인드맵을 말한다. 범위가 넓기 때문에 연습장에 그리기 힘들다면 스케치북에 그려도 된다. 공부한 교재의 모든 단원과 주제 그리고 그에 속한 개념을 대상으로 잡을 필요 없이 기출분석에 근거해 시험에 나오는 개념 위주로만 마인드맵을 만들면 된다.

이렇게 만든 메가 마인드맵은 다음 주 공부할 때 틈틈이 복습용으로 사용하거나 다음 회기에 들어서기 전에 사전 기억 활성장치로 쓸 수 있다. 후자의 방법을 예로 들자면 교육심리 2회독을 3월 1주에 마쳤고 다음주(5월 1주)부터 3회독에 들어간다면 그 전에 미리 2회독 때 만든 메가 마인드맵을 살펴보면서 공부했던 내용을 상기해 보는 것이다. 이렇게 사전에 회상의 불을 지펴 놓으면 공부할 때 구조에 따라 개념들을 차곡차곡 정리하듯이 편하게 받아들일 수 있다.

한눈에 정리하기

1. 예 습	• 예습은 15분 이내로
	• 목적 지향적 예습
	– 기출 문제로 방향 잡기
	• 기출문제 활용 예습법
	– 교재 훑기
	– 기출문제 확인
	– 기출포인트 짚기
	– 교재에서 기출포인트 찾기
	– 교재에 기출포인트 표시하기
	• 예습 시기
	– 최적 시기는 전날 밤
2. 복 습	• 1차 복습
	– 쉬는 시간에
	• 2차 복습
	– 우선순위 설정
	– 보충자료 활용
	– 적절한 스킵
	– 마인드맵 or 목차
	• 3차 복습
	– 잠자기 전, 다음 날 아침
	• 4차 복습
	– 주말에
	– 이해 못한 개념 다시 공부
	– 메가 마인드맵

**예습
·
복습**

| 함께 풀어 봐요, 너와 나의 연결 고민

Q. 지금 하는 공부 방법이 너무 버거워요. 오늘 외운 부분을 다음 날 아침에 복습하는 식인데 키워드 인출이 아닌 모든 내용을 다 써야 "외워졌구나." 하는 안도감이 들어서 다 쓰려고 하다 보니 복습하느라 오전 시간이 다 가 버리고, 안 외워진 부분 확인하고 다시 외우느라 또 진도가 제자리입니다. 잘못된 방법이라고 생각하고 있지만 쉽게 고칠 수도 없고 대체할 수 있는 방법을 잘 모르겠어요.

- my37**** 님

A. 회원님의 질문은 일반적인 복습의 의미라기보다는 암기에 대한 복습 고민이시군요. 시험 1달을 남기고 그렇게 복습한다면야 말리지 않겠지만 7월 말인 현 상황에서 복습으로 오전을 다 할애하는 건 비효율적입니다. "혹시나 놓치고 지나가면 어떡하지?"라는 마음에 모든 내용을 다 복습하면서 일일이 암기까지 확인하니까 시간이 많이 걸릴 수밖에 없을 거예요. 몇 가지 처방을 내려 드릴게요.

첫째, 다 쓰려고 하지 말 것! 키워드를 머릿속으로 빠르게 확인해 보거나 말로 내뱉어 보세요. 글로 쓰면서 확인하려니 시간이 많이 걸리는 겁니다. 생각은 글보다 10배 이상 빠릅니다. 머릿속으로 되뇌거나 말로 내뱉어 가며 키워드 암기 유무를 확인하시고요.

둘째, 우선순위를 정할 것! 당연히 1순위는 기출개념이죠. 기출개념부터 다루고 여유가 있으면 나머지 개념까지 복습하면 됩니다. 정해진 복습 시간을 초과하면 넘어가세요. 그래야 당일 진도를 무사히 끝냅니다.

셋째, 필수 키워드를 찾을 것! 이해만 해도 나중에 저절로 써 낼 수 있는 키워드까지 외우는 것은 기억력 낭비입니다. 무작정 외우려고 하지 마시고 각 개념에서 필요한 최소한의 키워드가 무엇인지부터 찾아보세요. 최소한의 키워드는 개념을 표현함에 있어서 없어서는 안 될 절대적인 단어라 생각하시면 됩니다. 이 키워드를 중심으로 외우고 나머지 키워드는 본인의 기본 어휘력을 바탕으로 즉석으로 표현해 볼 수 있도록 연습하세요.

넷째, 효과적이고 효율적인 암기법을 배워야 합니다. 이와 관련해서는 이 책의 2편에서 다루는 암기 및 인출 방법들을 참고해 보세요.

마지막, 체크리스트를 만들어 보세요. 어제 공부한 내용 중에서 복습 대상으로 삼은 개념이 최소 20개인데 시간상 13개밖에 다루지 못했다면 나머지 7개는 체크리스트에 적어 자투리 시간, 이동 시간, 쉬는 시간, 공부 안 되는 시간, 주말에 다시 다루면 됩니다.

그래도 복습을 못 끝냈다면 그 개념들은 다음 회기 때(현재 3회독이면 4회독 때) 다시 다루면 됩니다. 그리고 각 영역마다 암기&인출해야 할 대상을 정리해서 과목 혹은 영역별로 체크리스트를 만들고 암기할 때마다 체크해 보세요(합격생 인출 체크리스트 참조). 30%도 못 외웠다면 △, 60% 정도 외웠다면 ▲, 완벽하게 외웠다 싶으면 ○ 표시를 하면서 암기할 개념을 점검하면 한눈에 무엇을 더 외우고 말지가 보이니 심리적인 불안감은 낮추고 더 효율적으로 암기를 관리할 수 있을 겁니다.

[2018학년도 중등특수 합격 김형배 선생님의 교육학 '교육 과정' 체크리스트 예시]

영역	주제	핵심 개념	체크
1. 교육 과정 개념	1.교육과정의 개념	1. 교육과정의 어원 2. 교육과정의 정의	
2. 교육 과정 층위	1.교육과정 층위	1. 표면적 교육과정 교육 과정(정의) 2. 잠재적 교육과정(정의, 특성, 원천, 영향) 3. 영 교육과정(정의)	
3. 교육 과정 유형	1.교육과정 유형	1. 교과중심 교육과정(정의, 장점, 단점) 2. 경험중심 교육과정(정의, 장점, 단점, 조직 형태) 3. 학문중심 교육과정(정의, 장점, 단점, 수업 전략) 4. 인간중심 교육과정(정의, 장점, 단점)	
4. 이론적 접근	1.전통주의	1. 특징(이론적 개발모형, 이론화 중시, 실용주의에 기초) 2. 모형(Tyle, Taba, 보비트의 활동분석법)	
	2.개념주의	1. 특징(실제적 개발모형으로 실천화 중시, 실증주의, 과학적 방법) 2. 모형(워커의 숙의 모형, 슈왑 모형)	
	3.재개념 주의	1. 교육과정의 개념(교육경험을 통한 개개인의 의미 형성 과정 강조) 2. 모형(예술적 개발모형) 3. 파이나의 실존적 재개념주의(실존주의, 비판적 교육이론에 바탕) 　- 교육과정의 개념, 목표 　- 쿠레레의 방법론, 자서전적 방법 4. 애플의 정치경제적 접근(컴퓨터 교육에 대한 비판) 5. 아이즈너의 심미적 접근	
5. 교육 과정 개발	1.교육과정 개발의 개념	1. 교육과정 개발(정의, 교육과정 설계와 차이점)	
	2.교육과정 개발모형	1. 합리적 교육과정 개발모형(정의, 장점, 단점, 절차) 2. 귀납적 접근의 교육과정 개발모형(정의, 장점, 단점, 절차) 3. 실제적 개발 모형(정의, 장점, 단점, 절차) 4. 예술적 교육과정 개발 모형(정의, 특징, 장점, 단점, 절차) 5. 백워드 교육과정 설계 모형(정의, 특징, 장점, 단점, 절차) 6. 학교중심 교육과정 개발 모형(정의, 장점, 단점, 절차) 7. 자서전적 교육과정 개발 모형(정의, 절차)	
	3.개발의 실제	1. 교육목표 설정 2. 학습경험 선정의 원리 3. 학습경험 조직의 원리 4. 교육과정 재구성(정의, 절차, 유형)	

Q. 인강을 듣고 그날 복습을 끝내지 못했을 경우 복습을 안 한 상 태로 그 다음 날 인강을 듣는 게 좋은가요? 아님 복습을 하고 난 뒤 들어야 하나요? 하루에 들을 양이 너무 많아서 복습이 잘 안 되어서요. 복습 한다는 게 강의 들은 내용 쭉 한번 읽어 보는 건데 그것도 어떤 날은 미루게 돼요. 복습을 해도 며칠 지나고 다시 보면 정말 처음 본 내용 같은데. 저만 이런 거 아닌 거죠?
— 3434**** 님

A. 복습 시간이 부족하다면 우선순위를 정해 1, 2순위 개념만이라도 보겠다고 현실적으로 타협을 보는 게 좋아요. 1순위는 당연히 기출개념이고요. ① 기출개념 중 ② 이해되지 않으면서도 ③ 관심이 가는 개념을 1순위로 삼고 복습하면 됩니다. 2순위는 관심이 가지 않지만 기출개념이면서 이해되지 않는 개념이고요. 2순위까지만 끝내더라도 복습은 성공인 셈입니다. 어차피 지금 다루지 못한 개념들은 2회독, 3회독 때 다시 다룰 기회가 있으므로 지금 보지 못하면 영영 놓치는 것은 아닌가 하는 두려움은 가지지 않아도 됩니다.

복습을 해도 처음 보는 것 같은 이유는 개념이 아직 머릿속에 정착되지 않아서입니다. 강의를 처음 듣거나 교재를 처음 볼 때는 많은 것을 기대하지 마세요. 보이지 않는 항아리에 계속 물을 붓는다는 심정으로 1~2회독 때까지는 개념을 계속 머릿속에 넣어 줘야 합니다. 그래야 그 개념들이 배경지식과 도식으로 자리 잡히면서 새롭게 받아들이는 지식들을 꽉 잡아 줄 수 있어요. 회원님만 그런 게 아니므로 걱정은 그만~!

A. 뭔가 남는 것이 없어서 불안하다는 마음 저도 충분히 공감합니다. 저조차도 처음 교육학 강의를 들을 때 서브노트부터 만들었으니까요. 하지만 애써 그렇게 만든 서브노트는 나중에 거들떠보지도 않게 됩니다. 불필요한 내용까지 너무 많이 적었다는 걸 깨닫거든요. 차라리 그 노트를 보느니 교재를 보는 게 낫다는 생각이 들 겁니다.

따라서 서브노트처럼 자료를 만드는 것은 조금 미뤄 두시고요. 몇 가지 조언을 드리겠습니다. 첫째, 강사 교재를 통해 기출개념 위주로 복습하되, 전공서로 보충 공부를 할 것! 가령 A라는 개념을 강사 교재로 복습하다가 이해가 안 되면 그 개념을 전문적으로 다루는 전공서에서 A부분에 대한 내용을 발췌하여 공부해 보세요. 피상적이었던 개념을 구체적이면서도 확실하게 내 것으로 만들 수 있습니다.

둘째, 마인드맵 혹은 목차를 만들어 볼 것. 구조가 잡히지 않는다는 건 읽기만 해서 그렇습니다. 30쪽 분량을 공부했으면 그 분량에서도 기출개념 위주로 마인드맵 또는 목차를 만들어 보세요. 개념의 명칭만 가볍게 적어 보되 여유가 있으면 핵심 키워드 1~2개 정도를 곁들여 적어도 됩니다. 그렇게 하루 단위로 작성한 마인드맵을 모아 주말에는 메가 마인드맵 형태로도 만들어 보시고요.

셋째, 기출문제를 풀어 볼 것. 공부를 마쳤다면 기출문제로 개념 이해 여부를 점검해 보세요. 문제를 풀다 보면 미처 이해하지 못했던 요소를 발견하고 다시 공부하게 되는데 이 과정에서 개념을 더 단단히 잡을 수 있게 됩니다.

> Q. 직강을 듣는 건 괜찮은데 복습이 문제입니다. 처음에는 정리를 하면서 하려 했으나 중요한 부분이 어딘지 모르겠고 자꾸 모든 걸 다 정리하려고 합니다. 이러니 복습 진도만 밀리고 필기를 위한 공부를 하는 느낌이 들어 요즘은 정리 대신 배운 내용을 읽어 보기만 하고 있습니다. 그런데 이렇게 읽기만 해도 괜찮을까요? 3~4월부터는 단권화를 하고 기출을 풀어 볼 생각인데 괜찮을까요?
> - mlbm**** 님

A. 정리가 어려운 이유는 기출분석을 안 했기 때문입니다. 기출분석을 해야 어떤 개념이 중요한지, 그리고 그 개념에서도 어떤 키워드로 요약을 하며 정리해야 할지 감을 잡을 수 있습니다. 마찬가지로 단권화도 기출분석을 한 상태여야 어떤 부분을 더 전공서에서 찾아 수험서에 옮겨 적을지 파악할 수 있습니다. 그러니 정리 또는 단권화를 하고 싶다면 기출분석을 하면서나 기출분석을 마친 후에 할 것을 권해 드려요.

복습할 때 그냥 읽기만 하면 과연 공부를 잘하고 있는지 의심이 들 만도 합니다. 복습을 하면서 쓸 수 있는 여러 전략을 소개해 드릴게요. ① 기출문제를 다뤄 보세요. 문제를 풀어 보면서 개념 이해 여부를 점검해도 좋고, 지문 내용 하나하나를 꼼꼼하게 분석해 봐도 좋습니다. ② 강사 교재만으로 특정 개념이 이해되지 않으면 전공서도 곁들여 보면서 개념을 보충해서 공부도 해 보세요. ③ 복습하면서 마인드맵이나 목차를 그리며 오늘 공부했던 내용을 구조로 만들어 보는 작업도 좋습니다. ④ 그리고 개념 몇 가지를 선정해 교재를 보지 않고 자신에게 설명해 보는 연습도 해 보세요. 강사가 알려 줄 때는 다 알고 있는 것 같이 느껴져도 막상 본인에게 설명하려고 하면 막히는 부분이 있을 겁니다. 그 부분을 의도적으로 찾아 집중적으로 공부하는 것도 좋은 복습 방법입니다.

위 방법을 복습할 때 모두 적용해야 하는 것은 아닙니다. 본인에게 끌리는 방법부터 적용해 보면서 하나씩 늘려가 보세요.

Q. (5월) 얼마 전부터 밤에 복습을 하기 위해 백지 정리 방법을 시도하기 시작했습니다. 그런데 그날 공부한 내용이 전혀 생각나지 않는 게 문제입니다. 이러다가는 정말 시험 보기 전까지 공부한 내용이 생각나지 않을까 봐 걱정됩니다. 그리고 아침 복습의 경우 어떻게, 그리고 얼마나 시간을 분배해야 할까요?
- bcy1****님

A. 5월에 백지쓰기를 해서 그날 공부한 것을 완벽히 쓸 수 있는 사람이 얼마나 있을까요? 장담컨대 그런 사람은 거의 없습니다. 암기&인출은 5

월부터 서서히 열을 올리기 시작해서 9~10월에 걸쳐 완성해 나가는 것입니다. 지금은 그냥 정해진 시간만큼 묵묵히 암기와 인출 연습을 하면서 개념을 머릿속에 붓는다 생각하셔야 돼요. 밑 빠진 독에 물 붓는 것 같겠지만 그렇게 붓다 보면 어느샌가 머릿속에 지식들이 넘실넘실 차오르게 됩니다.

다만 몇 가지 현실적인 조언을 드릴게요. 첫째, 도식을 만들어 보세요. 그날 공부한 내용이 전혀 생각나지 않은 이유는 '구조', 즉 머릿속에 개념과 개념을 연결해 주는 도식을 형성하지 않아서일 가능성이 큽니다. 한 단원을 공부했다면 기출개념 위주로 마인드맵이나 목차를 만들어 봐야 합니다. 그래야 머릿속에 도식이 형성되고, 형성된 도식을 바탕으로 백지쓰기를 할 때 시각적 힌트를 얻을 수 있습니다. 이렇게 만든 도식을 잠자기 전과 다음 날 아침 10분씩 투자해서 늘 볼 수 있도록 습관을 들이세요.

둘째, 키워드를 선정하세요. 개념을 공부한 후에 그 개념이 무엇인지 말로나 글로 설명하려고 하면 막막해집니다. 분명 공부는 했는데 어떤 단어로 표현해야 할지 고민하지 않았기 때문이죠. 1회독 때에는 개념을 이해하는 것만으로도 훌륭한 것이므로 키워드를 선정하지 못했더라도 2회독 때부터는 후일 암기 및 인출 연습을 위해서라도 각 개념마다 어떤 단어를 필수 키워드로 삼아야 할지 고민하고 체크해 봐야 합니다. 개념당 2~3 단어를 필수 키워드로 삼아 암기&인출의 준거로 삼아 보세요.

셋째, 개수를 정하세요. 밤이든 아침이든 백지쓰기를 할 때 그날 공부한 모든 내용을 다 쓰려고 하지 마시고요. 10개면 10개, 5개면 5개 딱 정해 놓고 암기&인출 연습을 하세요. 하루에 5개씩만 암기해도 한 달이면 150개입니다. 정해 놓지 않은 무리한 목표 때문에 실패감만 맛보지 마시고요. 소량이라도 좋으니 목표를 잡아 놓고 서서히 암기&인출 개수를 늘려 나가면 됩니다.

아니면 이런 방법도 괜찮습니다. 오전 2개, 오후 2개, 저녁 2개, 다음 날 아침 2개 이렇게요. 그럼 부담이 적죠? 공부하다가 집중이 안 되면 차라리 암기 시간이라 생각하고 2개념씩 외우고 백지에 인출 연습을 하면 됩니다. 꼭 책상에 앉아서 할 필요도 없고요. 쉬거나 이동하거나 화장실 가는 시간을 이용하거나 기타 등등의 자투리 시간에 머릿속으로 암기&인출 연습을 해도 괜찮습니다. 오히려 이렇게 외운 게 저는 더 기억에 잘 남더라고요.

마지막으로, 개념을 정확히 이해했는지 확인해 보세요. 개념을 중학교 학생에게도 쉽게 설명할 수 있을 만큼 잘 이해한 상태여야 개념의 핵심 키워드도 잘 짚어 낼 수 있습니다. 의미도 모른 채 키워드만 외운다고 암기를 잘하는 게 아니에요. 이해를 바탕으로 핵심 키워드를 선정해서 외워야 더 오랫동안 머릿속에 남습니다. 억지로 외우지 않아도 자연스럽게 생각나기도 하고요. 암기가 중요한 요소이긴 하지만 각각의 기출 개념을 정말로 잘 알고 있는지 꼭 점검해 보세요.

아침 복습은 20~30분 이내로 끝내면 됩니다. 그 이상 시간을 쓰면 본 공부를 하기도 전에 진이 빠집니다. 아침 복습을 할 때는 전날 공부하며 만들었던 마인드맵이나 목차 내용을 머릿속으로 떠올려 보세요. 2~5분 정도 떠올려 보고 생각나지 않는 부분들은 마인드맵이나 목차를 보고 다시 확인하면 됩니다. 나머지 시간은 백지 인출 또는 구두 인출로 몇몇 기출개념을 인출할 수 있는지 점검해 보세요. 어제 공부한 모든 개념을 다 다룰 수는 없어요. 정말 중요하다고 생각되는 몇몇 개념만 선정해서 인출 연습하는 것이 포인트입니다. 그리고 인출 연습이 조금 익숙해졌다 싶으면 개념을 '핵심 키워드'로 인출할 수 있는지도 신경을 써 봐야 합니다.

전공서 공부

한 권의 책밖에 읽지 않은 사람을 경계하라!

- 벤저민 디즈레일리 -

한눈에 살펴보기

전공서
공부

1. 전공서를 보는 이유	• 개념을 정확히 이해하기 위해
2. 전공서 공부 시작 시기	• 이론 강의 복습 시 → 기출개념 발췌 • 이론 강의 완강 후 → 기출단원 정독
3. 전공서 공부 방법	• 기출개념 확인 　– 공부 방향을 안내해주는 네비게이션 • 전공서 선택 　– A, B, C급 전공서 구분 • 기출 표시 　– 전공서에 기출개념 표시 • 발췌독 　– 기출개념을 설명하는 문장 위주로 공부
4. 시기별 전공서 활용법	• 1~2회독 때 　– 1회독 → A급 전공서 　– 2회독 → A+B급 전공서 　– 당부할 점 　　→ 한 번에 이해하려고 스트레스 받지 말자 　　→ 서브노트에 조급해 하지 말자 • 3~4회독 때 　– 전공서 확장 　　→ B급 전공서 1~2권 추가 　– 도식화 　　→ 암기&인출 능력을 높이기 위해 　　→ 답안 작성 능력을 높이기 위해 　– 단권화 　　→ 수험서(강사 교재)에 부족한 내용은 　　　전공서에서 찾아 보충하기 　– 서브노트 　　→ 기출포인트 위주로 꼭 암기할 내용만 　　→ 직접 제작 또는 합격생 서브노트 활용 • 5~6회독 이상일 때 　– 필요한 내용만 그때그때 찾아 볼 것

8. 전공서 공부 259

1) 전공서를 보는 이유

전공서란 대학에서 교재로 삼았던 전공 서적을 말한다. 학원 강의와 강사 설명으로 개념을 이해하면 되지 굳이 전공 서적까지 봐야 하는 이유는 뭘까? 이유를 설명하기 위해 비유 하나를 들어 보겠다.

당신에게 소개팅이 두 건 잡혔다고 가정해 보자. 주선자들이 준 정보는 거의 비슷했다. 반반하게 생겼고 유머 있고 연봉 5천의 직장인. 둘 다 그 정도면 괜찮은 것 같아 기대하는 마음으로 단정하게 차려 입고 소개팅 장소로 나갔다. 그런데 웬걸? 첫 소개팅 상대는 반반한 건 누구 기준인지 내가 싫어하는 머리스타일에 유머는 아재 개그로 무장했고 연봉은 5천이긴 한데 저녁 늦게까지 일했을 때의 수당을 포함한 거였다.

다음 소개팅 장소로 향했다. 두 번째 상대는 내가 좋아하는 머리와 옷 스타일에 유머 감각에 배려심도 있어서 첫인상도 좋았다. 얘기를 나누다 연봉 얘기도 나왔는데 회사 복지가 잘 갖춰져 있어서 추가적인 수당도 많고 연차 일수도 많았다. 무엇보다도 잔업이나 야근이 없어 안정된 퇴근 시간이 보장됐다.

첫 만남에 연봉까지 얘기하기는 힘들겠지만 비유를 들기 위해 급속한 진전을 가정하여 시나리오를 써 봤다. 여기서 중요한 것은 주선자가 준 공통된 '기본 정보'와 내가 직접 경험한 '추가적인 정보'다. 위의 상황에서 기본정보(반반하게 생김, 유머 있음, 연봉 5천)만으로 상대방을 제대로 파악할 수 있었는가? 아니다. 두 사람 모두 기본 정보는 비슷했지만 실상 파고 들어가면 상이하게 다름을 확인할 수 있었다.

이 얘기를 공부로 환원해 보자. 강사 교재(수험서)의 내용은 '기본 정보'에 해당한다. 기본 정보는 압축된 지식이므로 그 정보만으로 개념을 온전히 파악하기가 힘들다. 그래서 강사는 강의를 통해 여러분에게 개념을 설명해 준다. 하지만 이 과정에서 우리는 중대한 '착각'에 빠진다. 강의를 들었으니 개념을 이해했다고 착각하는 것이다. 실제로는 개념을 이해한 게 아니라 강사가 설명해 준 내용을 잠깐 단기기억 속에 담고 있는 것일 뿐인데도 말이다.

쉬운 개념이야 수험서나 강사의 설명으로도 충분히 이해할 수 있겠지만 중-상 난이도의 개념은 그 정도의 정보만으로 부족할 때가 있다. 그래서 '추가 정보', 즉 '전공서' 내용이 필요하다. 전공서에는 수험서(강사 교재)에 담지 못한 개념의 배경, 이유, 예시, 설명, 그림 및 도표 등이 풍부하게 들어가 있다. 배경지식이 많아지니 개념을 이해할 가능성도 높아진다. 따라서 모든 개념은 아닐지라도 적어도 기출개념은 전공서를 발췌해 가며 풍부한 정보를 바탕으로 개념을 '내 것'으로 만들어야 한다.

그럼 모든 사람이 다 전공서를 꼭 봐야 하는 걸까? 아니다. 능력이 있는 사람은 수험서와 강의, 학원 커리큘럼만 따라가도 합격한다. 이런 사람은 콕 집어 말할 수 없지만 학창시절을 떠올려 봤을 때 남들보다 공부하는 속도가 빠르고, 개념을 이해하는 속도도 빨라 적게 공부해도 암기와 인출능력이 좋은 사람들이다. 하지만 이런 사람들은 극히 소수일 뿐이다. 본인을 냉철하게 바라봤을 때 공부 실력이 보통 수준이라면 수험서만으로 개념을 온전히 파악하기 힘듦으로 전공서를 보충자료로 활용해야 한다.

합격생의 조언

임용문제 출제진으로 누가 들어가는가? 대학 교수들이다. 교수들은 평소 무엇을 갖고 수업을 하는가? 본인이 만든 교재 또는 타 교수가 만든 전공서를 갖고 수업을 한다. 그럼 출제진들은 무엇을 토대로 문제를 만드는가? 본인의 상식? 상상력? 아니다. 기본적으로는 대다수의 수험생들이 자주 보는 '전공서' 내용을 바탕으로 출제한다. 그래서 우리는 임용 공부를 할 때 학원 수험서만 볼 게 아니라 전공서도 봐야 하는 것이다.

2) 전공서 공부 시작 시기

아무런 전략도 없이 무작정 전공서부터 읽으면 그 방대한 정보에 억눌려 오히려 공부의 방향을 잃기가 쉽다. 이제 막 공부를 시작한 수험생이라면 일단 강의를 한 번 정도는 들을 것을 권한다. 그래야 각 과목별로, 영역별로 어느 정도 체계가 잡힌다. 그 후에 전공서를 읽어야 정보의 바다에서 헤매지 않고 필요한 부분을 선택적으로 읽어 나갈 수 있다.

만약 전공서를 더 빨리 읽고 싶다면 강의를 들으면서 함께 보는 것도 방법인데, 무리하게 욕심 내지 말고 강의 내용을 복습하면서 정말 이해가 안 되는 2~3가지 개념 정도만 전공서에서 발췌식으로 공부하는 방법도 있다. 이렇게 조금씩 봐 두면 전공서와 익숙해진 상태이므로 나중에 독학을 하면서 본격적으로 전공서를 읽을 때 수월하다.

3) 전공서 공부 방법

전공서를 '효율적'으로 보려면 아래의 네 과정이 필요하다.

기출개념 확인!

전공서 선택!

기출 표시!

발췌독!

(1) 기출개념 확인

전공서를 읽기 전에는 기출개념부터 확인해야 한다(예습할 때 이 과정을 했다면 건너뛰어도 된다). 기출개념을 확인해야 어떤 부분을 중점적으로 읽을지, 어떤 부분은 가볍게 읽고만 넘길지, 그리고 어떤 부분은 아예 버리고 갈지 가늠할 수 있다.

전공서는 내용이 풍부하기 때문에 개념을 이해하는 데 없어서는 안 될 교재지만 시험에 나오지 않는 개념도 다루기 때문에 자칫 잘못 접근하면 시간만 축내기 쉽다. 따라서 오늘 공부할 범위에 관한 기출문제부터 살피는 것이 우선이다.

가령 이번 주에 교육사회학을 공부하려고 계획을 세웠고 오늘은 그중에서도 '기능론'을 공부할 예정이라면 우선 기능론과 관련된 교육학 기출문제를 확인하면 된다. 기능론에서는 주로 어떤 개념들이 출제되는지, 주로 사용하는 키워드는 무엇인지, 어떤 방식으로 출제되는지 등을 살피면 된다. 기왕 말이 나왔으니 기능론과 관련된 기출문제를 살펴보자.

[교육사회학의 기능론에 대한 기출문제들]

2001학년도 초등 12번 문제	2007학년도 중등 39번 문제
12. 다음 중 갈등이론자들이 주장하는 학교교육의 사회적 기능에 대한 설명과 일치하는 것만으로 묶은 것은? 가. 학교는 이념적 국가기구의 하나로써 지배 이데올로기를 정당화한다. 나. 학교는 차별적 사회적 과정을 통하여 기존의 불평등한 사회구조를 재생산한다. 다. 학교는 사회가 필요로 하는 인재를 선발하여 적재적소에 배치하는 역할을 수행한다. 라. 학교는 보편적인 사회규범을 내면화하고, 전문성을 신장시켜 사회발전에 이바지한다. 마. 학교는 자본주의 사회의 필요에 대응하여 자본주의 생산양식에 적합한 태도와 가치관을 교육한다.	39. 〈보기〉에서 학교교육과 사회의 관계에 관한 기능론적 설명으로만 묶인 것은? ㄱ. 학교교육은 중요한 사회적 선발 장치이다. ㄴ. 학교의 교육과정을 통해 지배집단의 문화가 재생산된다. ㄷ. 학교는 개인의 사회적 지위 획득을 위한 집단간 지위 경쟁의 장이다. ㄹ. 학교의 교육내용은 보편적 가치와 사회 구성원의 합의에 기초하여 선정되는 것이다.

2009학년도 초등 22번 문제	2011학년도 중등 30번 문제
22. 다음 대화에서 학교교육에 관한 기능론적 관점에 가까운 얘기를 한 교사들은?	30. 다음은 학교교육의 사회적 기능에 대한 관점 중 하나이다. 이 관점에 대한 설명으로 옳지 <u>않은</u> 것은?
김 교사: 요즘, 교과서에 대해 말이 많죠? 역사 교과서 내용은 특정 집단의 입장이 반영된 것이라는 생각을 하게 되요. 최 교사: 글쎄요. 교과서는 모든 국민들이 합의하고 있는 내용을 담은 것이라고 생각해요. 박 교사: 그나저나 요즘은 집안형편이 어려운 학생들이 점점 대학에 진학하기 어려운 것 같아요. 정 교사: 좋은 성적을 받아서 명문대학에 가려면 부유한 집에 태어나는 게 유리하죠. 민 교사: 그래도 학교는, 가난하지만 노력하는 학생들에게 기회를 주는 것이라고 봐요.	사회를 구성하고 있는 각 요소는 전체의 존속에 공헌한다. 각 구성요소들은 서로 영향을 미치는 상호의존적 관계에 있으며, 전체적으로 조화롭게 통합되어 있다. 지각·정서·가치관·신념체계의 주요 부분에 대해서 사회 구성원들 사이에 합의가 이루어져 있다. 교육은 전체 사회의 한 구성요소이며, 전체 사회의 존속과 유지에 공헌한다. ① 학교교육의 주요 기능은 사회화에 있다. ② 사회체제 존속에 필요한 규범교육을 강조한다. ③ 학교교육은 업적주의 사회 기반을 공고히 한다. ④ 대표적 이론가로 뒤르켐(E. Durkheim)과 파슨스(T. Parsons)가 있다. ⑤ 교육을 둘러싼 집단 간의 이해관계를 분석하는 데 주안점을 둔다.

2015학년도 상반기 교육학 시험에서 '기능론'과 관련된 지문과 조건

〈지문〉 먼저 교사로서 우리는 학교 교육의 기능을 이해해야 합니다. 지금까지 학교는 학생들이 사회 구성원으로서 올바로 성장할 수 있는 보편적 가치와 규범을 가르쳐 왔습니다. 그러나 최근 사회는 학교 교육에 다양한 요구를 하게 되면서 학교가 세분화된 직업 집단의 교육 요구를 충족시켜 주기를 원하고 있고, 학교 교육의 선발·배치 기능에 다시 주목하고 있습니다. 그러므로 여러분은 학교 교육의 선발·배치 기능을 이해하는 한편, 이것이 어떤 한계를 갖는지도 생각해야 할 것입니다

〈조건〉 기능론적 관점에서 학교 교육의 선발·배치 기능 및 한계 각각 2가지만 제시[4점]

기출문제를 보면 기능론에서 주로 무엇을 묻고 있는지 확인할 수 있다. 크게 보면 ① 기능론의 기본 전제, ② 기능론의 사상가, ③ 기능론적 관점에서 보는 학교교육의 기능(사회화, 선발·배치)을 묻고 있다. 그럼 우리가 해야 할 일은? 수험서 및 전공서에서 이 부분을 찾아 공부하면 되는 것이다. 만약 수험서에서 ①, ②만 다루고 ③ 선발·배치에 대한 기능과 한계에 대한 설명이 부족하다면 전공서에서 이 부분을 찾아 보충 공부를 하면 된다.

(2) 전공서 선택

고기에도 등급이 있듯이 전공서에도 등급이 있다. 이런 말을 하면 교수님들이 싫어하겠지만 어쩔 수 없다. 한 권에 20,000원 가까이하는 전공서 선택에 있어서는 신중해야 하니까.

A급 전공서는 수험생들 사이에서 필독서라 불리는 전공서를 말한다. 기출문제의 근거가 될 만한 내용이 다수 실려 있거나 해당 과목의 권위 있는 교수가 썼거나, 책의 구성과 내용이 탄탄하여 별로 버릴 것이 없는 책이 A급 전공서다. 이런 책은 각 과목마다 1~2권 정도 정해져 있는데 전공 카페 커뮤니티를 활용하면 어렵지 않게 확인할 수 있다. 이런 책은 과목의 기본을 잡고 도식을 형성하기에 좋은 책이므로 회독 수를 늘려 가며 두고두고 읽는 것이 바람직하다. 기출문제에 근거가 되는 내용은 밑줄도 치고 핵심 키워드도 표시해야 하기 때문에 대여보다는 구매를 추천한다.

B급 전공서는 '발췌독(拔萃讀)'이 필요한 책이다. A급 전공서에 비해 버

릴 것이 많지만 A급 전공서가 미처 자세히 다루지 못한 기출개념을 발췌하여 읽기에는 좋은 책을 말한다. 책은 사람이 쓰는 것이라 A급 전공서라 하여도 저자의 관점에 따라 특정 기출개념이 누락되기도 하고 학계의 흐름을 반영한 최신 이론(문제로 출제될 만큼 핫한)을 싣지 못한 경우도 있다. 그럴 때는 A급 전공서만 볼 게 아니라 B급 전공서도 살펴봐야 한다.

평소 책에 대한 욕심이 있고 책값을 아끼지 않는 스타일이라면 B급 전공서를 구매해도 좋다. 허나 금전에 압박이 있다면 도서관에서 빌려서라도 보자. 요즘은 대학 도서관일지라도 '지역주민제도(해당 대학을 나오지 않았어도 지역 주민으로 가입하여 책을 빌릴 수 있는 제도)'를 잘 갖춰 놨기 때문에 발품만 팔면 얼마든지 전공서를 빌려 볼 수 있다.

필자는 대학 도서관에서 공부를 하다가도 자료실을 자주 드나들었는데 B급 전공서에서도 기출개념을 찾기 위해서였다. 가령 어떤 과목을 공부한다고 했을 때 우선 강사 교재와 A급 전공서로 공부했는데, 몇몇 기출개념은 설명이 부족하거나 아예 다루지 않으면 그 과목의 B급 전공서 5~6권을 꺼내 놓고 해당 개념이 어디 있는지 이 잡듯이 다 찾아봤었다. 그리고 해당 개념을 다룬 B급 전공서 1~2권은 빌려다 놓고 필요할 때마다 발췌독을 했었다.

C급 전공서는 B급 전공서처럼 발췌할 필요도 없는 책을 말한다. 학계의 비주류 저자들이 쓴 책이거나 시험 출제 방향과는 거리가 있는 내용들을 실어 놓은 전공서다. 이런 책은 여유가 있으면 봐도 뭐라고 하지 않겠지만 시간이 없다면 그냥 가볍게 걸러도 된다.

합격생의 조언

개인적인 견해지만 책 사느라 돈 쓰는 것을 아깝게 생각하지 않았으면 좋겠다. 유일하게 수험생이 사치를 부려도 되는 영역은 책이라고 생각한다. 시험이 전쟁이라면 책은 총알과도 같다. 총알 없이 전쟁터에 나가 싸울 수 있겠는가. 빌려 보는 것도 좋지만 A급 필독서는 꼭 구매를 하고 B급의 책들도 여유가 있다면 사서 보는 것을 추천한다. 빌려 보는 책들은 아무래도 함부로 다룰 수도 없고 다시 돌려줘야 한다. 또한 나중에 그 내용을 다시 공부하려 할 때도 또 다시 빌려야 하는 번거로움이 발생한다.

부산 가정 교과를 수석 합격한 분과 인터뷰한 적이 있는데 그 분은 1년간 일하며 번 돈을 책 사는 데에 아낌없이 투자하셨다고 한다. 기간제로 저축한 돈이 2,000만 원가량이라면 그중 절반을 책과 자료, 강의에 썼는데, 전공서의 경우 단 몇 줄만 마음에 들어도 그 자리에서 사서 가져왔다고 한다. 왜냐하면 애초에 책 사는 것을 좋아했거니와 그 책을 빌려 보는 시간과 수고를 줄이기 위해서였다고 한다. 나로선 결단력과 깡이 있는 참 멋진 분이라 생각하지 않을 수가 없다.

(3) 기출 표시

간단하지만 중요한 작업이다. 전공서를 선별했다면 A급 전공서와 B급 전공서에 기출개념이 어디 있는지 표시를 해야 한다. 1단계에서 기출문제를 보며 주요 기출개념이 무엇인지 확인했다면 이 단계에서는 어떤 단원을, 그리고 그 단원에서도 어떤 내용을 정독해서 봐야 할지 표시하면 된다. 예를 들어, 이번 주는 전공 C과목을 공부할 예정이고 오늘은 그 과목에서도 4~6단원을 공부할 차례인데, 기출분석을 해 보니 4단원은 시험에 출제된 적도 없고 앞으로 출제될 가능성도 낮다면 5, 6단원만 공부 목표로 잡으면 된다. 또한 그 5, 6단원 내에서도 시험에 출제된 주제 또는 개념을 표시를 하면 되는데, 목차에 표시를 해도 좋고, 해당 페이지에 마커를 붙여 표시를 해도 좋다. 어떤 문장을 집중해서 읽어야 할지 밑줄을 그어 놓아도 좋다.

(4) 발췌독

A급 전공서라 할지라도 책의 모든 부분을 다 읽어야 하는 것은 아니다. 몇몇 단원은 통째로 걸러야 할 때도 있고, 한 단원 내에서도 기출개념이 아닌 전후 내용들은 가볍게 넘겨야 할 때도 있다.

(간혹 고득점을 받기 위해 아직 출제되지 않은 개념까지 이것저것 보려는 수험생들이 있는데 임용은 철저히 기출개념 위주로 반복·확장·심화하는 시험임을 알았으면 한다. 쓸데없는 곳에 힘 빼지 말고 기출개념부터 확실히 잡자.)

공부를 효율적으로 하려면 발췌독만큼 중요한 게 없다. 임용시험에서 발췌독이란 기출문제를 푸는 데 직결 또는 관련 있는 문장을 찾아 읽는 것을 말한다. 발췌를 잘하려면 기출문제를 보면서 공부해야 하는 개념(내용)이 무엇인지, 즉 기출포인트가 무엇인지부터 확실히 알아야 한다.

말로만 들으면 모르겠으니 실전 연습을 해 보자. 교육사회학의 '기능론'에 대한 최신 기출문제를 준비했다. 이 문제에서 기출포인트는 무엇인지 확인해 보자. 길어서 읽기 힘들면 맨 밑에 〈조건〉만 읽어도 된다.

2015학년도 상반기 교육학 시험에서 '기능론'과 관련된 지문과 조건

〈**지문**〉 먼저 교사로서 우리는 학교 교육의 기능을 이해해야 합니다. 지금까지 학교는 학생들이 사회 구성원으로서 올바로 성장할 수 있는 보편적 가치와 규범을 가르쳐 왔습니다. 그러나 최근 사회는 학교 교육에 다양한 요구를 하게 되면서 학교가 세분화된 직업 집단의 교육 요구를 충족시켜 주기를 원하고 있고, 학교 교육의 선발·배치 기능에 다시 주목하고 있습니다. 그러므로 여러분은 학교 교육의 선발·배치 기능을 이해하는 한편, 이것이 어떤 한계를 갖는지도 생각해야 할 것입니다

〈**조건**〉 기능론적 관점에서 학교 교육의 선발·배치 기능 및 한계 각각 2가지만 제시[4점]

기출포인트는 ① 학교 교육의 선발·배치 기능과 ② 그 한계다. 필자는 처음 이 문제를 받아 봤을 때 당황했었다. 왜냐하면 기능론적 관점에 대한 전반적인 내용은 강사 교재로도 충분히 공부할 수 있었지만 구체적으로 '기능론적 관점에서의 학교 교육의 선발·배치 기능'까지 콕 집어 정리한 내용은 본 기억이 없었기 때문이다. 또한 '학교 교육의 선발·배치 한계'는 그 당시 대부분의 강사 교재에서도 다루지 않았었기에 어떤 내용을 쓸지 막막할 수밖에 없었다.

그래서 필자는 이 문제에 대한 근거 내용을 찾기 위해 도서관에서 교육사회학 책들을 죄다 펼쳐놓고 샅샅이 뒤져 봤다. 찾아보니 학교 교육의 선발·배치 기능에 대한 내용은 A급 전공서라 불리는 김신일 교수의 책에서, 학교 교육의 선발·배치 한계에 대한 내용은 김천기 교수의 책에서 발췌할 수 있었다.

- 사람들이 사회에서 담당하는 역할은 서로 다른 것이기 때문에 누가 어느 역할을 담당할 것인가를 결정하는 일도 매우 중요하다. 현대와 같은 기술산업사회에서는 각자의 능력과 소질에 적합한 역할을 담당시키는 것이 **인력자원의 활용을 극대화하는 길**이기 때문에 더욱 중요하다. 개인의 입장에서 보더라도 남들로부터 존경받을 수 있고 많은 경제적 수입을 얻을 수 있는 지위는 누구나가 원하는 것이기 때문에, 학교가 **개 개인의 능력과 소질을 정확히 파악하여 적절하게 배치하는 것**이 큰 중요성을 갖는다.
- 특히, 대학진학에 적합한 사람과 아닌 사람의 선별은 대학진학이 높은 사회적 지위를 획득할 수 있는 길이 되기 때문에 모든 사람의 관심이 되고, 그만큼 경쟁도 치열하다. 그러나 이러한 **경쟁은 우수한 인재를 선별할 수 있는 계기**가 된다.

『교육사회학 제5판』, 김신일, 교육과학사, 2015, 66~69쪽 내용 수정 발췌

위 책을 통해 확인할 수 있는 학교교육의 선발·배치 기능은 ① 능력과 소질에 적합한 역할 분배로 인력자원 활용 극대화, ② 경쟁을 통한 우수 인재 선별이다. 다음으로 학교 교육의 선발·배치 기능의 한계에 대해서도 알아보자.

- 학교의 선발기능이 갖는 부정적 효과에 대한 비판도 제기된다. 학교의 선발기능이 강화되면 될수록 그만큼 학력주의적 사회질서의 지배가 더욱 굳혀지면서 여러 문제점이 파생된다.
- 첫째, 특정한 학교졸업자가 조직 내에서 배타적인 집단, 즉 '학벌'을 만들고 특권적 지위의 독점을 꾀하고 있다.
- 둘째, 학교가 학력(學歷) 취득의 장으로 변질된다. 본래 교육적 의미에서 시험은 목표 달성도를 확인하여 교수학습의 과정을 돕고 개선하기 위한 것이다. 그럼에도 학력(學力)시험은 오직 교육적 선발수단으로 사용되고, 또 졸업증서의 취득은 실제로 교육을 통하여 무엇을 습득하는가와 관계없이 그것 자체가 자기목적화하고 있다.
- 셋째, 모든 학생이 학교제도 내부에서 행해지는 교육적 선발과정에 '강제'적으로 참가하는 것과 관련된다. 중도 탈락, 낙제, 일탈적 행동 등 현대 학교교육에 나타나는 여러 가지 병리는 학력주의가 성공함으로써 그러한 취학과 경쟁에 참여하는 것이 사회적 의무로 되었기 때문이다.
- 넷째, 교육적 선발은 과연 '능력'의 원리를 바탕으로 공정하고 합리적으로 이루어지고 있는가 하는 문제다. 기회불평등의 원인 중 하나는 가정의 교육비 부담능력이다.

『교육의 사회학적 이해 제4판』, 김천기, 학지사, 2013, 40~41쪽 수정 발췌

학교 교육의 선발·배치 기능의 한계로는 ① 학벌주의 형성, ② 학력 취득을 위한 교육목표의 변질, ③ 과도 및 의무적 경쟁으로 인한 병리현상, ④ 선발이 공정한지에 대한 불분명성이다. 따라서 두 전공서 내용을 바탕으로 논술 답안을 작성하면 아래와 같이 작성할 수 있을 것이다.

2015학년도 상반기 교육학 시험 '학교 교육의 선발·배치'에 대한 답안 작성 예시

한 사회가 유지되기 위해서는 구성원들 간에 공유되는 보편적 가치와 규범도 필요하지만 분업화된 사회에 맞춰 특정 직업에 필요한 규범과 전문지식 또한 필요하다. 이러한 특수성에 맞게 학교는 학생들을 교육하고 선발·배치하는데 그 기능은 다음과 같다. 첫째, 개개인의 능력과 소질을 정확히 파악하여 사회의 각 위치에 배치하므로 인력활용을 극대화할 수 있다. 둘째, 선발 과정에서 경쟁을 통해 우수한 인재를 발탁하므로 개인의 능력을 상승시키는 동기로 작용할 수 있다. 하지만 선발·배치의 기능 이면에는 한계도 존재하는 법이다. 첫째, 사회경제적인 제약으로 발생되는 교육기회의 불평등이 있음에도 능력의 차이를 공정하게 측정할 수 있는가의 문제점이 있다. 둘째, 학력시험을 선발을 위한 도구로 사용함으로써 시험의 본래 목적인 목표 달성 확인이 아니라 학교가 과열 학력 경쟁의 장으로 변질될 수 있다는 점이다.

4) 시기별 전공서 활용 방법

앞에서 전공서를 보는 기본 방법을 다뤘다면 이번에는 시기별, 즉 1~2회독, 3~4회독, 5~6회독 때 전공서 보는 방법을 다루고자 한다.

여기서 '회독'의 의미를 확실하게 짚고 넘어가야 혼란을 방지할 수 있는데 이 책에서 말하는 회독은 전공의 각 과목들을 한 바퀴 돌린 것을 말한다. 가령 전공이 총 8개의 과목으로 이루어져 있다면 강의를 듣든 독학을 듣든 각 과목을 돌아가며 공부를 끝냈을 때 "1회독을 했다."라고 말할 수 있는 것이다. 따라서 1~2월에 강의를 통해서 전공을 한 바퀴 돌렸으면 1회독이라 말할 수 있는 것이고 3~4월에 독학을 통해 혼자서 다시 전공을 한 바퀴 돌렸으면 2회독을 끝낸 것이다. 또한 5~6월에 기출분석을 하면서 전공서를 부분적으로 같이 봤어도 3회독이라 할 수 있다. 그럼 시기별로 전공서를 어떻게 활용하면 좋을지 알아보자.

(1) 1~2회독일 때

- 1회독

보통 1회독은 학원 강의로 시작하기 때문에 필자도 여기에 맞춰 글을 쓰겠다. 1회독에서는 많은 것을 바라지 않아도 된다. 과목별로 A급 전공서, 즉 필독서 한 권이면 충분하다. 이 한 권을 강의를 들은 후 복습할 때 활용하면 된다.

강의를 듣다 보면 기출개념이라 집중을 했는데도 이해가 되지 않을 때가 있다. 복습할 때 학원 교재를 다시 봐도 이해가 되지 않는다면 그건 머리 탓이 아니라 정보가 부족한 탓이다. 개념을 이해할 배경지식이 부족해서 그런 것이다. 따라서 그 개념을 강사 교재로만 붙잡고 매달리지 말고 전공서에서 찾아 보충 공부를 하면 된다. 그러면 개념을 이해하는 데 한결 수월할 것이다.

- 2회독

2회독 때는 보통 강의를 완강한 후 혼자서 공부를 해 나가는 시기다. 이때는 1회독 때 활용한 A급 전공서를 갖고 기출개념이 포함된 단원 위주로 완독하면 되고, B급 전공서를 구해 강사 교재나 A급 전공서에서 누락된 기출개념을 보충하는 식으로 공부하면 된다.

A급 전공서를 완독할 때는 모든 단원과 내용을 보지 않아도 된다. 기출문제를 보며 어떤 개념이 출제되는지 확인했으면 그 개념이 포함된 단원과

내용 위주로 공부하면 된다. 물론 과목마다 구조를 잡고 거시적인 안목을 위해 시험에 출제되지 않은 단원도 공부할 수 있지만 시간상 여유가 있으면 그렇게 하고 여유가 없으면 가볍게만 보고 넘기자.

만약 기본 이론을 마치고 독학이 아니라 심화 강의로 2회독을 진행한다면 강사 교재와 심화 강의 때 나눠 준 자료를 갖고 복습하되 기출포인트 내용을 위주로 공부하면 된다. 여유가 있어서 전공서도 볼 수 있다면 과목별로 A급 필독서를 구해 기출개념이 포함된 단원 위주로 완독하면 된다.

- 당부할 점

전공서로 기출개념을 공부할 때 이해가 되지 않는다고 너무 스트레스 받거나 질질 끌지 않았으면 좋겠다. 지금 이해를 못 하는 것은 집중력이 저하됐거나 배경지식이 부족한 결과다. 집중력이 저하됐을 경우 잠깐 쉬면서 스스로 정리할 시간을 주거나 잠깐 다른 과목을 공부한 후 다시 돌아오면 신기하게도 더 잘 이해된다.

배경지식이 부족한 경우에는 인터넷 또는 전공 카페 검색을 통해 개념과 관련된 보충 자료를 구하면 되고, 스스로는 정 해결하지 못할 경우 전공 카페나 학원 강사 카페에 질문을 올려놓거나 유사 질문을 검색하여 참고하면 된다. 만약 이것저것 다 해 봐도 개념을 이해하지 못하겠다면 그냥 넘기자. 3~4회독 때 다시 다루면 된다. 그때는 지금보다 더 배경지식이 풍부해지고 과목마다 개념들이 조직화된 상태이므로 개념을 이해할 실마리가 많아진다. 진도를 빼는 것도 중요하므로 정 모르겠으면 체크해 놓고 일단 넘기자!

한 가지 더 당부하고 싶은 점은 1~2회독 때 서브노트 제작은 독이 될 수도 있다는 것이다. 개념을 이해하는 속도가 빠르고 요점 정리 능력이 좋은 사람이라면 상관없지만 그렇지 않은 사람이 임용을 준비한다고 1~2회독 때부터 서브노트를 만들게 되면 괜히 시간만 축내기 쉽다. 서브노트는 각 과목별로 구조가 잡힌 상태에서 개념을 충분히 이해하고 있어야 만들기 쉽다. 더군다나 기출분석도 하지 않은 상태에서 서브노트를 만들면 어떤 개념을, 얼마만큼 적어야 할지 모르기 때문에 머리만 복잡해진다. 따라서 서브노트는 기출분석을 진행하거나 끝낸 시점 또는 2~3회독 때부터 서서히 만들어 볼 것을 권한다.

(2) 3~4회독일 때

- 전공서 확장

2회독 때까지 각 과목마다 A급 필독서 1권에 B급 전공서 1권으로 기출개념을 공부했다면 3~4회독 때는 지금까지 공부했던 자료를 다시 보되, 아직 보지 못한 다른 B급 전공서 1~2권을 추가하면 된다. 지금까지 본 전공서도 많은데 여기서 더 어떻게 추가하느냐고 반박할 수 있겠지만 충분히 가능하다. 왜냐면 이미 두 번 본 전공서는 내용이 익숙한 상태이므로 세 번째 볼 때는 시간이 적게 걸리고, 새롭게 추가한 전공서도 다 볼 필요 없이 기출개념에 해당하는 내용만 골라서 읽으면 되기 때문이다. 그마저도 기존 전공서 내용과 의미상 겹치는 부분들이 많으므로 읽는 데 시간이 많이 걸리지도 않는다.

전공서를 추가했을 때 가질 수 있는 장점은 개념 이해도를 높일 수 있다는 점이 있다. 같은 개념에 대해 여러 책들을 참고할 수 있으므로 몰랐던 개념은 이해의 실마리를 잡을 수 있고, 이미 알았던 개념은 더 깊이 있게 이해하거나 심화·확장해 나갈 수 있다. 즉, 학습의 질을 높일 수 있다. 이게 바로 내공이다. 내공이 높아야 출제자들이 어떻게 문제를 꼬아 내든 맞힐 수 있다. 따라서 이 시기에는 각 과목별로 전공서 1~2권 정도를 추가해서 볼 것을 권하며 모든 내용을 볼 필요 없이 기출문제와 관련하여 필요한 내용만 골라 보도록 하자.

- 도식화

3~4회독에는 각 과목별로 분명한 도식을 갖추는 데 초점을 맞춰야 한다. 도식이란 각 과목의 구조를 목차나 마인드맵 형태로 시각화하는 것인데, 1~2회독 때 공부하면서 단원마다 마인드맵을 그렸던 사람이라면 이 시기에 도식을 갖추는 게 어렵지 않을 것이다.

하나의 과목은 여러 단원으로 구성되어 있으며 그 단원은 또 여러 대주제와 소주제로 이루어져 있는데, 이 모든 내용을 다 도식화 범위로 잡을 필요는 없다. 기출분석에 근거하여 필요 없는 단원과 대주제 및 소주제는 과감히 날리면 된다.

한편, 같은 과목이라도 전공서마다 목차 구조가 조금씩 달라 어떤 전공서로 기준을 잡을지 애매하다면 강사 교재의 목차를 참고하면 된다. 대체로 강사 교재는 기출개념 위주로 목차를 정리하기 때문에 여러 전공서의 목차를 조합하여 나만의 목차를 짤 때 참고하기에 좋다.

이쯤에서 왜 도식을 만들어야 하는지 의문을 가질 수도 있다. 그 이유에 답하자면 첫째, 암기 및 인출 가능성을 높이기 위해서다. 우리의 뇌는 정보를 인출할 때 생각나는 대로 무작위로 인출할 때보다 구조적으로 나열할 때 인출량을 더 높일 수 있다. 정말 그런지 실험 하나를 해 보자. 실험은 당신이 알고 있는 만큼 김치의 종류를 대 보는 것이다. 첫 번째 방법은 그냥 생각나는 대로 말하는 방법이고, 두 번째 방법은 배추, 무, 오이 등과 같이 주재료를 기준으로 말하는 방법이다. 어떤 방법이 김치의 종류를 말하는 데 더 유리할까?

직접 실험해 보면 알겠지만 후자다. 전자는 생각나는 대로 말하기 때문에 잘 알고는 있지만 미처 생각하지 못한 김치는 말하지 못하게 된다. 반면 후자의 경우에는 주재료를 기준으로 말하기 때문에 혹여나 놓칠 수도 있는 김치를 하나하나 다 생각해 보게 된다. 가령 무 하나만 갖고도 총각김치, 깍두기, 섞박지, 무생채, 나박김치, 동치미 등 다양한 김치를 끄집어낼 수 있다. 배추, 오이에서도 끄집어내면 가짓수는 어마어마해진다.

이렇듯 구조화와 기억은 분명한 상관관계가 있다. 얼마나 머릿속에 집어넣었는가도 중요하지만 그 또한 못지않게 중요한 것이 얼마나 구조화를 잘해서 인출하기 편하게 만들었느냐다. 그러니 각 과목별로 도식을 갖춰 단원과 단원 간의 관계, 단원과 주제와의 관계 및 개념 간 상하위개념 관계를 정립해 놓도록 하자.

도식화를 하는 두 번째 이유는 답안 작성 능력을 높이기 위해서다. 답안 작성 연습을 하다 보면 이런 문제를 겪어 본 적이 있을 것이다. 답으로 A영역의 b개념을 적어야 하는데 그 당시엔 미처 생각하지 못해 그와 비슷한 C 영역의 d개념을 적어 문제를 틀리는 경우다. 이는 과목마다 구조화가 되어 있지 않아서 그런 것이다. 무엇을 적어야 할지 몰라 틀렸다는 것은 머릿속에 여러 선택지들, 즉 도식을 놓고 비교할 수가 없었다는 것이다. 그러니 그냥 순간적으로 떠오른 개념을 정답이라 여겨 적어 버리는 것이다. 이건 분명히 말하지만 실수가 아니다. 시험장에서도 "아 실수로 틀렸네. 잠깐 착각했네." 하고 아깝게 점수를 내줄 것인가? 그러지 않으려면 3~4회독 때는 과목마다 분명히 도식을 갖춰야 한다. 합격생의 도식화 사진을 첨부하니 참고하도록 하자.

〈2018학년도 생물 합격 권기쁨 선생님 도식화〉

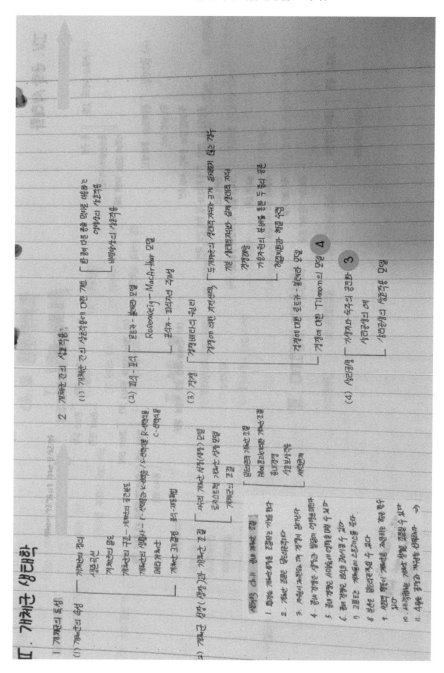

〈2017학년도 중국어 합격 양보라 선생님 도식화〉

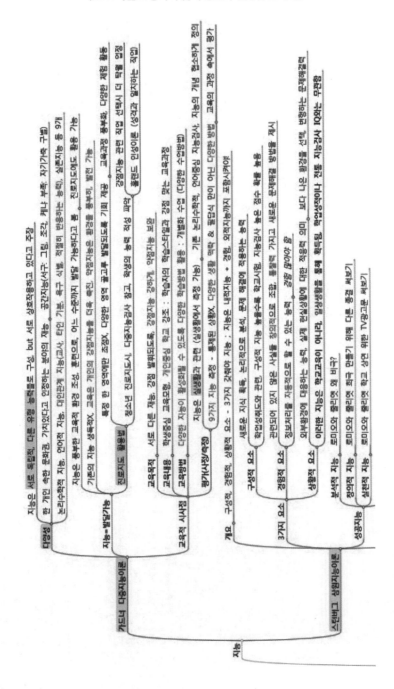

〈2017학년도 가정 합격 양희선 선생님 도식화〉

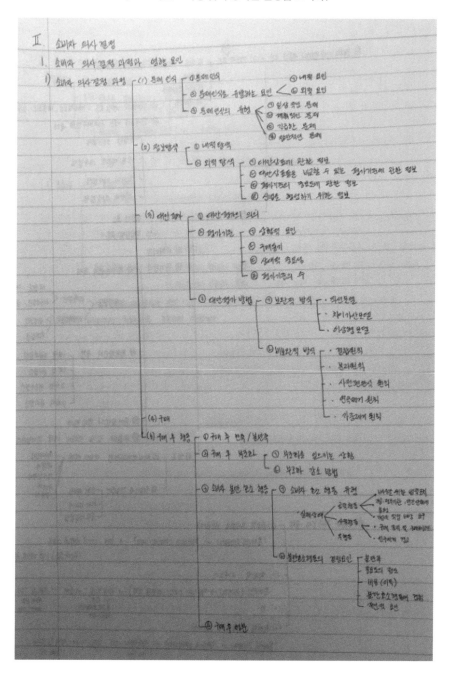

- 단권화

이때부터는 단권화를 시작해도 좋다. 단권화란 교재(주로 강사 교재)에 없는 내용을 전공서에 찾아 넣는 작업을 말하는데, 모든 개념을 대상으로 할 것 없이 기출개념 또는 기출관련개념에 관해 부족한 내용만 넣어 주면 된다.

단권화를 하는 이유는 시험 막바지에 가서 여러 전공서들을 일일이 찾아가며 보기 힘드니 미리 '한 권의 교재'에 모든 내용을 넣고 그것만 보기 위함인데, 보통 3회독에 들어섰을 때나 기출분석을 마쳤을 때 시작하는 것이 안정적이다(N수생이나 공부 실력이 좋은 수험생이라면 2회독에도 단권화는 가능하다).

단권화는 1차, 2차로 나누어 생각할 수 있다. 전공서를 보면서 8월 말까지 1차적으로 단권화를 끝냈더라도 강사들의 문제 풀이, 모의고사를 접하며 새롭게 배운 개념을 추가로 단권화하는 2차 작업도 발생할 수 있음을 알아 두자. 그러니 어느 특정 시기까지 '완벽하게' 마무리해야지라고 생각하기보다는 시험 한 달 전까지 계속 필요한 부분은 추가해 가겠다는 일념으로 진행해 나가면 된다.

- 서브노트

서브노트는 '시험 직전까지 반복적으로 암기 및 인출 연습을 할 목적으로 만든 노트'를 말한다. 3~4회독 시기라면 각 과목마다 구조도 갖춰 나가는 상태이고 개념 이해도도 높은 상태이므로 서브노트를 만들기가 수월하다. 또한 이 시기면 기출분석도 1번 정도는 끝낸 상태이므로 무엇을 얼마만큼 적어야 할지 보일 것이다. 따라서 서브노트에는 이것저것 다 적을 필요 없이 기출포인트에 맞게 꼭 암기할 내용만 추려서 정리하도록 하자.

서브노트는 꼭 본인이 직접 만들어야 하는 것은 아니다. 직접 만들 시간이 없으면 합격생의 서브노트를 구해 활용해도 된다. 단, 합격생이 만든 서브노트는 내가 만든 것이 아니기 때문에 낯설기도 하고 내용면에 있어서 부족하거나 과한 부분도 있을 수 있기 때문에 자기 것으로 만들 시간을 충분히 줘야 한다. 그러려면 서브노트를 보더라도 "합격생은 왜 이 단어를 사용해 개념을 정리했을까?"라고 질문을 할 수 있어야 하며, 본인이 생각하기에 개념을 표현함에 있어 더 적절한 단어가 있다면 그 단어로 대치할 수도 있어야 한다. 또한 기출분석에 근거했을 때 부족한 내용은 강사 교재 및 전공서에서 찾아 보충해야 하며, 불필요한 내용은 삭제할 수도 있어야 한다.

(3) 5~6회독 이상일 때

이르면 7~8월, 늦어도 9~10월 정도면 5~6회독에 진입할 것이다. 이 시기면 단권화가 완벽하진 않더라도 1차적으로 완성됐을 시기고 각 기출개념들도 80% 이상 이해했을 시기이므로 전공서를 통독하는 것은 바람직하지 않다.

단권화 교재(보통은 강사 교재)를 토대로 공부해 나가되, 미처 단권화하지 못한 기출개념이나 교재를 봐도 이해가 되지 않는 부분만 다시 전공서를 참고하면 된다. 또한 강사의 문제 풀이나 모의고사를 풀다가 해설을 봐도 이해되지 않으면 A~B급 전공서로 해당 부분만 찾아 보충 공부를 하면 된다.

　이 시기부터는 암기&인출 연습이 중요한데 단권화한 교재나 서브노트가 있다면 그 자료를 보면서 각 기출개념마다 필수 키워드를 선정하여 암기&인출 연습을 하면 된다. 앞에서도 말했지만 서브노트는 꼭 직접 만들어야 할 필요는 없으며 합격생 서브노트나 강사의 암기 자료를 구해 암기&인출 연습을 해도 괜찮다. 단 그 자료들이 기출분석에 근거하여 기출포인트 내용을 빠지지 않고 정확히 다루고 있는지를 확인해야 한다. 없다면 보충해서 넣어 주고, 불필요한 내용은 빼도록 하자.

전공서 공부	1. 전공서를 보는 이유	• 개념을 정확히 이해하기 위해
	2. 전공서 공부 시작 시기	• 이론 강의 복습 시 → 기출개념 발췌 • 이론 강의 완강 후 → 기출단원 정독

	3. 전공서 공부 방법	• 기출개념 확인
		  - 공부 방향을 안내해주는 네비게이션
		• 전공서 선택
		  - A, B, C급 전공서 구분
		• 기출 표시
		  - 전공서에 기출개념 표시
		• 발췌독
		  - 기출개념을 설명하는 문장 위주로 공부

	4. 시기별 전공서 활용법	• 1~2회독 때
		  - 1회독 → A급 전공서
		  - 2회독 → A+B급 전공서
		  - 당부할 점
		    → 한 번에 이해하려고 스트레스 받지 말자
		    → 서브노트에 조급해 하지 말자
		• 3~4회독 때
		  - 전공서 확장
		    → B급 전공서 1~2권 추가
		  - 도식화
		    → 암기&인출 능력을 높이기 위해
		    → 답안 작성 능력을 높이기 위해
		  - 단권화
		    → 수험서(강사 교재)에 부족한 내용은
		       전공서에서 찾아 보충하기
		  - 서브노트
		    → 기출포인트 위주로 꼭 암기할 내용만
		    → 직접 제작 또는 합격생 서브노트 활용
		• 5~6회독 이상일 때
		  - 필요한 내용만 그때그때 찾아 볼 것

I 함께 풀어 봐요. 너와 나의 연결 고민

Q. 전공서를 공부하기 전 기출문제는 어느 수준까지 봐야 하나요?
- hann**** 님

A. 처음 전공서를 접하는 시기는 빠르면 전공 (인터넷)강의를 듣고 복습할
때나 강의 완강 후 혼자 독학을 해 나가는 시기일 겁니다(물론 준비성
이 철저한 수험생이라면 2~3학년 때부터 학교에서 교재로 삼는 전공서
를 기출문제와 함께 보려고도 하겠죠). 이때는 기출문제를 보더라도 지
문, 조건, 보기, 출제자의 의도 등을 심도 있게 분석하기는 어렵습니다.
개념에 대한 이해도도 낮고 배경지식도 부족하기 때문이죠. 그러니 이
때는 기출문제를 보더라도 어떤 개념이 출제되는지, 개념을 어떤 문제
형식으로 만드는지 정도만 가볍게 살펴보세요. 답은 못 맞혀도 괜찮습
니다. 2회독, 3회독 진행해 가면서 점점 깊게 분석해 나가면 됩니다.

Q. 전공서를 읽어 나가는데 처음에는 금방금방 읽을 줄 알았는데
생각보다 읽는 시간이 더딥니다. 읽다가도 자꾸만 딴 생각이 들
고 집중이 되질 않네요. 완전 이해를 하고 있어야 기출분석도
할 텐데 걱정입니다.
- khe7****님

A. 일반인이라면 누구나 다 그렇습니다. 그건 선생님만의 문제가 아닙니다. 전공 개념 하나를 공부하려고 해도 그 개념을 뒷받침하는 하위개념이나 용어를 알아야 이해가 수월해집니다. 지금은 배경지식이 부족해서 그런 것이니 이해가 되지 않을 때는 체크해 놓고 일단 넘어가세요. 그래야 시간을 절약할 수 있습니다. 10분을 봐도 이해하지 못한 개념은 그 이상의 시간을 투자해도 이해하지 못할 가능성이 높습니다. 이런 개념은 2회독, 3회독 때 다시 보면 됩니다. 정 궁금해서 미칠 것 같다면 전공 또는 강사 카페에 질의를 해서 답을 얻는 편이 빠릅니다.

또한 기출분석을 토대로 시험에 나올 단원과 내용을 위주로 공부하고 있는지 살펴야 합니다. 괜한 의무감에 전공서 내용을 모두 다 읽을 필요가 없어요. 강사의 기출 문제집이나 합격생의 기출 분류 자료를 구해 오늘 공부할 범위와 관련된 기출 문제를 한번 훑어보시고 어떤 개념이 시험에 나오는지 파악한 후 그 부분 위주로 전공서를 공부하면 됩니다.

그리고 기출분석은 개념을 완전히 이해한 상태여야만 시작할 수 있는 게 아닙니다. 1회독 때는 가볍게 풀어 보면서 개념을 어떤 문제 스타일로 만드는지 확인하면 되고요. 2회독 때부터는 개념을 정확히 머릿속에 담고 있지 못하더라도 강사 교재 및 전공서를 펴 놓고 기출문제와 관련된 내용을 찾아가며 분석을 하면 됩니다. 또한 발문, 지문, 조건, 보기의 문장과 단어를 꼼꼼하게 보면서 그 단어와 문장이 어떤 개념을 유도하고 있는지, 설명은 바른지 분석해 보세요. 잘 안 되더라도 2회독에 한 번, 3회독에 한 번, 이렇게 반복해서 분석하다 보면 강사보다 더 날카로운 분석력을 갖게 됩니다. 모든 걸 갖춰 놓고 시작하려고 하지 마시고 어설프더라도 일단 시작하는 게 더 좋습니다.

Q. 계획대로 전공서를 읽지 못하고 밀릴 경우 매번 계획을 다시 세워야 하는데 어떻게 하죠?

- peng****님

A. 계획대로 끝내지 못하는 이유는 전공서를 너무 정직(?)하게 읽기 때문입니다. 효율적으로 읽으려면 기출문제부터 확인해야 합니다. 전공서를 읽기 전 기출문제를 먼저 살펴보며 오늘 공부해야 할 기출개념+기출관련개념이 무엇인지 확인하세요. 그리고 그 내용들이 전공서 어디쯤에 있는지 빠르게 훑어본 후 목차나 해당 페이지에 표시를 하고 그 부분을 우선적으로 공부해 나가면 됩니다. 가령 전공서를 공부할 시간으로 3시간을 배정했다면 기출개념+기출관련개념부터 공부하고 시간이 남으면 그 주변 개념까지 공부하는 것이죠. 만약 시간 내에 다 끝내지 못했다면 어쩔 수 없이 그냥 넘어가세요. 다음날까지 붙잡고 있으면 진도가 계속 밀립니다. 한번 밀린 진도는 도미노처럼 주간, 월간 계획까지 영향을 미치니 지금 당장 못 본 부분은 다음 회기 때 우선적으로 보겠다는 마음으로 넘기세요. 그리고 시간 관리 측면도 생각해 봐야 합니다. 내가 어디서 시간을 낭비하는지 시간 일기를 한 주만이라도 작성해 보면서 시간 관리를 해보세요. 집중이 안 되는 시간대에는 무리하게 전공서를 계속 읽지 마시고 잠깐 쉬고(10분) 다시 읽는 것이 낫습니다. 아니면 20분 정도 다른 과목을 공부하거나 문제를 풀거나 암기를 하는 등 감각 자극을 살짝 변환시켜 보세요. 이러면 뇌가 같은 자극에 물리는 것을 방지할 수 있어 다시 원래 전공서로 돌아와 공부할 수 있을 만큼 집중력을 회복할 수 있습니다.

Q. 장수생이라 책에 대한 전반적인 내용은 알고 있습니다. 올해 다시 시작할 때 책 한 권을 다 읽으면서 공부하는 게 좋을지, 하나의 주제에 대해 여러 권의 책을 찾아 그 주제에 대해 깊이 파는 것이 좋을지 모르겠습니다.

- tnwj****님

A. 각 과목마다 필독서로 기본 도식을 잡아 놓으시고요. 영역별 기출문제를 풀어 보며 약한 기출개념을 찾아 한 개념을 여러 권의 책으로 동시에 보며 깊게 파고 들어가는 방법을 추천합니다. 선생님에게 지금 필요한 것은 수박 겉핥기식 공부가 아닌 취약 개념을 강화시키는 집중 공부입니다. 또한 빈약한 개념을 여러 전공서로 보완했다면 다양한 문제 풀이로 개념을 적용·응용해 봐야 공부의 질적 수준을 높일 수 있습니다. 하반기부터는 암기, 인출, 문제 풀이 및 답안 작성 연습 에 신경 쓰고 마무리를 하신다면 분명 좋은 결과가 있을 겁니다.

Q. 전공서를 읽을 때 기출에 출제된 부분만 읽으면 되는 건가요?

A. 책이라는 것은 어떤 핵심 개념을 이해하기 위해 전·후 내용도 살펴봐야 도움이 되는 경우가 많습니다. 그러니 기출문제로 출제된 부분은 집중해서 읽되, 그 전후 내용은 한 번 정도는 가볍게 눈으로 걸치고라도

넘어가세요. 그래야 책 한 권의 구조와 흐름을 파악하는 데 도움도 되고 기출개념을 이해하는 데 배경지식으로 활용할 수도 있습니다.

만약 기출문제에서 직접적으로 다룬 내용은 아니지만 기출분석에 근거했을 때 올해는 다룰 수도 있을 것 같은 기출관련개념은 번거로울 수 있어도 공부해 놓아야 안정적입니다. 가령 최근 교육심리 과목에서 에릭슨 이론은 청소년기의 '심리적 유예기'를 물었는데요. 이 개념을 기출포인트로 잡고 강사 교재나 전공서를 보면서 공부하고 있는데 '심리적 유예기 상황에서의 교사의 역할'도 설명하고 있는 내용을 발견했다면 이를 기출관련개념으로 삼고 공부를 해 놓자는 것이죠.

Q. 지금 강의 듣는 강사 말고 타 강사의 수험서를 병행하여 같이 봐도 괜찮은가요?

A. 시간적인 여유가 있다면 괜찮습니다. 타 강사 수험서를 보며 기존 강사 수험서에 누락되거나 보충할 내용을 추가하는 방법도 괜찮습니다. 두 수험서의 모든 내용을 일일이 비교하며 없는 내용을 모조리 다 옮기려고 하지 마시구요. 기출분석에 근거했을 때 이건 꼭 적어야겠다 싶은 내용만 옮기면 됩니다. 옮기는 데 시간이 많이 걸릴 것 같다면 차라리 사진을 찍어 인쇄를 해서 붙여 넣는 것도 팁입니다. 아니면 졸릴 때 옮길 내용을 몰아서 타이핑해 놓고 자투리 시간에 출력하여 붙여 넣어도 되고요.

Q. 한 과목당 봐야 할 전공서가 적게는 2권에서 많게는 5권 이상 되기도 하는데 시간은 없고 볼 것은 많아서 걱정입니다. 이럴 땐 어떻게 하죠?

A. 강의를 들으며 이제 막 1회독을 하는 시점이라 강의 복습만으로도 벅차다면 우선은 A급 전공서를 갖고 기출개념 위주로 발췌하는 식으로라도 보길 권합니다. 조금 더 여유가 있다면 A급 전공서에서 기출에 자주 출제되는 단원 정도는 정독을 하면 좋습니다. 나머지 서적들은 2회독, 3회독 때 서서히 추가하여 보면 됩니다. 사실 A급 전공서를 1~2회독 때 봐 두면 그 외의 다른 전공서는 읽는 데 생각보다 시간이 별로 안 걸릴 거예요. 왜냐하면 다른 전공서들도 A급 전공서와 내용이나 구성면에서 큰 차이가 없으므로 A급 전공서에 없거나 설명이 빈약한 기출개념만 발췌해서 보면 되거든요. 그러니 지금 너무 벅차다고 포기하지 마시구요. 천 리 길도 한 걸음부터니 A급 전공서부터 기출개념 출제 단원 위주로 공부하길 권합니다.

Q. 지금이 3회독 째인데 여러 전공서들을 하나의 마인드맵으로 구조화하기가 어렵습니다. 쉬운 방법이 있을까요?

A. 같은 과목의 전공서들이라도 저자에 따라 목차 구성이 조금씩 다르죠. 가장 편한 방법은 강사 교재의 목차를 토대로 마인드맵 뼈대를 잡고 부

족한 단원명이나 주제는 전공서에서 찾아 보충하는 식으로 만들면 됩니다. 또한 영역별로 기출문제를 분석한 결과 강사 교재 목차에서도 필요 없는 단원이나 주제는 빼고 부족한 부분은 A~B급 전공서 목차 내용을 인용하여 채워 넣으면 됩니다.

임용고시
합격전략 1

ⓒ 김기훈, 2019

초판 1쇄 발행 2019년 8월 12일

지은이   김기훈
펴낸이   이기봉
편집   좋은땅 편집팀
펴낸곳   도서출판 좋은땅
주소   서울 마포구 성지길 25 보광빌딩 2층
전화   02)374-8616~7
팩스   02)374-8614
이메일   gworldbook@naver.com
홈페이지   www.g-world.co.kr

ISBN   979-11-6435-503-7 (03190)

이 도서의 국립중앙도서관 출판예정도서목록(CIP)은 서지정보유통지원시스템 홈페이지(http://seoji.nl.go.kr)와 국가
자료공동목록시스템(http://www.nl.go.kr/kolisnet)에서 이용하실 수 있습니다. (CIP제어번호: CIP2019028865)